1分钟
大脑整理法

[日] 铃木进介 著
高瀚 光芯慰 译

中国纺织出版社有限公司

为什么很努力但是却没有成果?

为什么会被其他人当作
废物？

为什么自己总是在白忙？

看看你那个时候的大脑，
就会发现

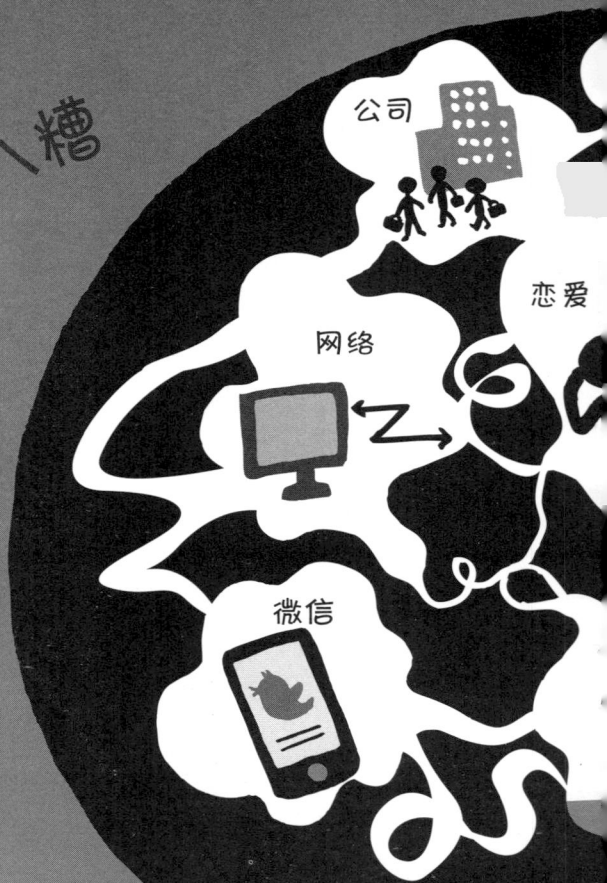

看看你当时的
脑内思考状态：

美食

偶像

同事

时尚

乱七八糟

不能很好地整理自己的语言

被当作笨蛋

无法整理出必要的信息

无法整理出结果

无法划分工作的轻重缓急

↓

效率低下，工作没有进展

也就是说，只要把大脑里的信息整理清楚，就能得到不错的工作成果。

　　能够有效地和其他人交流，工作的效率也会随之提高。

　　不要浪费自己的天赋，发挥出自己真正的能力吧！

快快整理自己的大脑，让每天都过得轻松愉快。

之前，我和几位 20 岁左右的女性聊天时，不知为何问起了"什么样的男性是你们的理想型"，结果所有人都说她们喜欢聪明的男性。

那么，她们说的"聪明"，究竟是什么概念呢？是高学历，高智商，还是理解力很强的人？

我问了她们，结果她们所有人的回答全是："说话有趣，又容易让人听明白的人。"

……？

看我一脸迷惑的样子，她们补充说明道："说话容易让人听懂，这说明他们的思绪是非常清晰的。这种人的工作能力也一定很强。"

我开始敬佩她们出色的洞察力，同时也开始留心观察身边那些工作能力很强的人，果然不出她们所料。

工作能力很强（能拿出成果）的人，果然都能清楚知道自己应该做什么，如何让别人理解自己的意思。他们的想法经过了整理，所以容易让人理解。并且动作和话语也精简、干练。

而脑子里一团乱麻的、容易陷入混乱状态的人，也常常因为陷入这种状态而烦恼不已，他们的行动迟缓，拿不出像样的工作成果。

正如她们所说的一样。

曾经我的脑子也是一团乱麻的。

我20岁左右的时候开始做企业顾问这行。那时候为了不让上了年纪的客户们小看，我拼命地学习，企图用知识武装自己。那时候真是忙到连睡觉的时间都没有，一直在拼命地学习。但对客户，我却不能提出任何有参考价值的建议，经常被客户骂说"你脑子清醒一下再跟我说话"。（哭）

但现在看来，被骂也是应该的。

对于客户们的问题，我只能回答客户按照理论上怎么做，却无法整理出一条解决问题的策略。

有一次，一位客户咨询说："想要改革经营方式。"

我将我知道的关于市场营销和经营战略的知识告诉了他。听完后，客户平静地对我说："铃木，我不是要你告诉我营销战略的课纲，你只要告诉我怎么样做，能够拓展我的销售渠道这一点就可以了。"

客户的这句话给了我当头一棒，我才彻底明白我根本不明白客户到底需要什么。从那时起，我停止学习那些过剩的知识，不再试图武装自己。开始着眼注重现阶段最需要解决的问题，时刻注意只需要思考解决眼前的问题就可以，去除脑内不必要的因素，让思考方式变得简单。我开始对我的思维做减法。

就这样过了十年。前几日，某位客户称赞我说："铃木真的是客户的大脑整理师呢，和你交谈就能整理我的思绪，让我发现目前最重要的是什么，下一步我应该怎么做。我感觉我自己都变聪明了。"

这位客户的称赞，正是本书的作用。

本书上所介绍的方法，是我在对大量的客户进行实践研究后得出的整理方法，包括标题都是我总结出的有效方法。

掌握大脑整理法，运用在日常的工作以及生活中，就能使每天的工作和生活变得更加轻松和充实。

　　但在快节奏的现代生活中，在一件事情上花费太多的时间并不现实，也很难坚持下去。因此本书中介绍方法，只需要 1 分钟就可以对大脑进行一次整理。在 1 分钟的时间里对大脑进行一次简单、清晰的整理后决定下一步的动作，更能收获工作成果。

　　仅仅是短短的 1 分钟，也会因为使用方式的不同，给人生带来巨大的变化。现实运用中，有很多读者给我们带来了他们的好消息。

　　希望本书能够让你使用简单的思维方式进行整理，快速得出工作成果。

铃木进介

2011 年 11 月

第1章
大脑混乱的人在社会中是很吃亏的!?

第2章
让大脑清晰的思考整理法

17

第**3**章
减少脑内无用事项的信息整理法

第**4**章
让思考加速的对话整理法

第5章

让思维清晰的心灵整理法

大脑混乱的人在社会中是很吃亏的!?

1

虽然有干劲，但是不能转化为行动

有干劲和想法却无法行动

有些人明明有充足的干劲和想法，但却没办法转化为行动。每次我看到这样的人，都会打心底想说："真可惜啊。"这样的干劲如果能变为行动，无论做什么都是强大的力量。但实际上却是，想法无法转化为行动，或者是做出行动也是白费功夫的人占了绝大多数。

那么，想法无法转化成行动的原因，到底是什么？

是因为大脑中的思绪没有得到正确的整理。

脑内的想法，没有经过正确的整理，是无法做出正确决定的，而且也无法转化为实际的行动。

以小 A 和小 B 去东京迪士尼乐园玩来举例：去过迪士尼乐园的人都清楚，迪士尼乐园很大，游客也很多，游乐设施之间也有一定的距离。如果想要有效率地玩一遍所有有人气的游乐设施，还要看游行的话，需要事先掌握必要的信息（安排、时间表、地图等）来拟出计划。

来过很多次迪士尼的小 A 已经对各种信息心知肚明，自然能做到完全不浪费时间，玩到所有的游乐设施。

而只去过两次迪士尼的小 B，会是什么情况呢？

"我想看游行，要去哪里看啊？""我记得那个应该就是在这个方向的，怎么找不到啊？"没有计划一通乱走的小 B 很快就在迪士尼乐园里迷路了，时间都花在了找东西的路上。和小 A 相比，能玩到的游乐设施的数量是天差地别。

在这里我们假设小 B 虽然没有小 A 那么清楚

的信息，但是只要小 B 能够对手中的信息好好进行整理，思考后再行动的话，我想能够玩到游乐设施的数量也不会相差那么多。

门票的价格明明一样，得到的却是完全不同的两种体验，真的太浪费了。

如果要大家说更想和谁一起去迪士尼乐园玩，自然也不用我多说了。

虽然举的例子有些极端，但我想大家也可以了解大脑是否经过整理后所采取的行动，效率上会有多少差别了。况且在这种情况下吃亏，也只能打掉牙往肚子里咽。

别人不会因为你的干劲认可你，想要得到别人的认可，需要相应的行动。

为了清楚地知道自己需要做什么，怎么做，"对大脑进行整理"是非常必要的。

无论你有多少干劲，如果无法转化成行动，也只是白白浪费了自己的一腔热血，实在是非常可惜。

不知道如何正确运用干劲的领导实在很多

不可思议的事情是，很多公司的经营者、公司的领导总是感叹手下的员工没有干劲，我在和客户讨论的时候，也总是能听到他们的抱怨。但是当我去了工作现场才发现，那些干劲满满的员工，也没有能够给他们指导和建议的上司。

因为，很多的公司领导不知道如何鼓励员工把干劲转化为行动。

只有正确的判断，才能将干劲转化成行动，做出能让别人夸奖的工作。

而只有正确状态的大脑，才能够得出正确的判断。在大脑一团浆糊的状态下无论过多久的时间，也只会像前面提到的小 B 一样不断吃亏下去。

越早开始整理大脑的人就越早受益。

2

整理大脑的过程是行动的开关

将干劲转化为行动的开关

虽然工作不是完成得越快越好，但效率仍是被看重的一部分。

如果你的成绩没有得到自己期待中的高评价，或是感觉自己做了很久的工作，但丝毫没有进展的时候，你的脑内很有可能是一团乱麻。

脑内一团乱麻的时候，浪费和烦恼的时间就会更多。

如果将干劲转化为动力，自然能成为非常强大的力量。只需要将脑中的思绪厘清，再经过正确的判断，马上就能做出正确的行动。

此刻的你才能发挥出真正的力量。

也就是说，整理大脑的过程，是让你的干劲转化为行动，发挥出工作能力的开关。

只要打开了这一开关，剩下的就是努力行动了，自然也就能比其他人更快地拿出成果。

而能打开这一开关的，只有你自己。

"整理大脑"是将"干劲"转化为"行动"的开关。

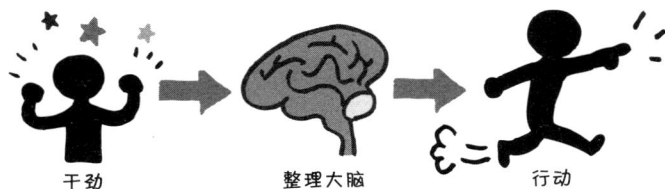

| 干劲 | 整理大脑 | 行动 |

27

3

情报未必为宝

即使有相应的知识，也未必能得出成果。

在极大追求效率的现在，市面上不断出现可以提高效率的新型设备。无论是智能手机还是平板电脑，都能帮助人们更快地获取最新信息，让工作进展得更顺畅。我的周围也有很多人可以熟练地使用 IT 设备来获得信息。其中更有一位男性友人，被称作"行走的谷歌"。他可以非常熟练地不断搜索出各种情报，但是他的工作能力却未必被肯定。

"只是收集情报""只是积累知识"的话，是无法在工作中灵活使用的。

前些日子，他的上司让他研究优衣库的市场战略，并找出可以用在自家产品上的部分。他做出了报告书，让上司过目。结果上司看下来只是说了一声"嗯。"

因为他的报告书上只是罗列出了"重视品质""低价格路线""轻量化为主的产品""在美国展开 800 家以上的店铺为目标"等单纯的信息而已。

而上司想要的，其实是分析各种信息后得出的他的想法。

"并非只是单纯的低价，而是在低价的前提下却有好的产品品质，这么鲜明的对比能够给顾客留下深刻的印象。我认为这也是优衣库最为核心的营销策略，客人的接受程度也非常高，我们公司也应该讨论开发出低价格、高品质的商品。"

只有做出能够让人感觉到"对我们公司有用"的建议，才能发挥信息的真正价值。

只是单纯地罗列情报，什么用都没有。

擅长收集情报并非等于擅长工作。

好不容易收集到的信息和知识，如果不能运用在工作中，自然不会得到认可。不仅如此，还白白浪费了自己的精力，真的是非常可惜。

首先明确追求的目的是什么

凡事必有因。

工作也同样如此。

如果能完成目标，自然能够获得高评价。将脑海中的各种信息首先做出整理，找出"有用的信息"，之后基于正确的判断做出可以帮助达成目标的判断，才是你要做的事情，更是收集信息的本来意义。

不然也没有必要雇你工作了。

在许多年前，确实只需要有足够的知识就可以得到重视。

但现如今是一个网络发达的社会，无论是谁都可以很容易地得到各种信息，已经不能单凭信息和知识量来竞争。

将大量的情报置于脑内，是一个可以让自己看起来博学聪明的办法，如果被上司或者顾客问到的时候，也可以及时做出解答，让自己感到十分安心。

但这种安心感，却也可能是你的敌人。

当人觉得安心的时候，就会满足于现状而不想继续提高自己水平。

现在的社会，需要的是你可以从自己的观点出发选择情报和知识，在脑海中进行整理后用你的力量对信息进行整理分析，突出自己的竞争力和特长，不然只会被慢慢地忽视。

如果只是单纯地积累信息，不进行任何的分析与整理，那么这些信息本身没有任何意义，也不能说是你自己的东西。

对你的评价，很大程度上是取决于你的思考方式。

4

不会说话的人的脑子里是混乱的

无法传达自己的想法毫无意义

前些日子的某企业培训中，学员们开始展演介绍开发新商品的计划。

终于到了最后的人上台。最后上台的 A 的新计划非常有趣，因此观众对他的展演非常期待。

他将着眼点放在了某产品的"操作简单"上，但是当展演开始后，他对产品的操作简单的部分，只介绍了不到一成。剩下的都是在说和计划没有关系的市场背景、产品价格、产品设计等。本来操作简单这一点可以引起大家的兴趣，但

当我问他到底是好在哪里，他也完全回答不上来。

当然，他的计划也没有被采纳。

如果能采用他的计划，A 自然会成为计划的负责人，得到相应的升职，然而现在这些都成了泡影。

展演结束后，我去 A 那里询问情况，结果他说，他知道应该着重介绍容易操作的特点，但他没把握好整体的节奏，最后搞得一团乱麻。

他的想法非常出色，如果能将想法的魅力传达给其他人，他的方案也一定能得到采纳。但因为拙劣的表达方式，导致他的计划没能被采纳，升职的事情也没戏了。

将自己的想法传达给别人才有价值。

我时常能遇到一些人说："对公司说什么都没用"，"周围的人不理解我的想法"。但究竟是怎么样呢？

你的想法是否能够让其他的人理解呢？

无论你的想法有多么出彩，但是如果你的想法只停留在脑内的话，本质上是没有任何意义的，没人可以直接窥探你的大脑。

如果无法确切地传达自己的想法，就得不到成果。

大脑一团乱麻的状态，是无法确切表达自己想法的。让别人理解自己的想法，需要一边提出对方感兴趣的信息，吸引对方的关注，一边让对方理解自己的想法。

换句话说就是，不善于表达自己想法的人，或者无法确切表达自己想法的人，他们的大脑是一团乱麻。

工作是无法一个人完成的，需要和他人共同协作，而那些擅长工作的人们，一定是思路清楚的，能够以最简单有效的方法传达自己的想法。

对方是否真的理解了你的意思？

感觉这么做很好啊

但是你的想法没有办法传达给其他人

所以先这样，然后在这样

这家伙在说什么我完全不懂啊

你这么做我觉得比较好

懂了

35

5

改变人生的大脑整理守则

大脑整理守则3条

你有没有想过,尽管你非常努力,但却因为自己的大脑没有经过整理而无法思路清楚地传达自己的想法,是一件非常令人遗憾的事情。我想这样的人应该不在少数。

但是没关系。

只要按照本书所介绍的办法实践,你的大脑也会获得正确的状态,只要经过努力就可以得出成果。

只是,有一个附加条件。

一定要遵守下面的 3 条。

一定要按照我说的办法进行,如果你真的想"改变我的人生",

"不想继续吃亏"的话，更是应该如此了。

一定要完全舍弃迄今为止采用的实践方法和规则，让思想回到最开始的状态，来做个深呼吸吧。

等心态平静下来的时候，来对自己宣读这3条吧。

改变人生的脑内整理守则

1：不要考虑对方怎么看，而是坚持自己的观点。

2：先做能做的事情。

3：重视思考，更要重视感觉。

这3条非常重要，我来详细解释一下。

第1条 不要考虑对方怎么看，而是坚持自己的观点。

听取别人的意见是很重要的。但是只是一味在乎别人怎么看，会很容易迷失自我。这是绝对需要规避的事。

你并非为了他人而活。

从始至终，你是在过自己的人生。

你想怎么做，你打算怎么生活，一定要从自己的角度开始思考。

第 2 条 先做能做的事情。

市面上有很多成功商业人士的自传和著名顾问是如何思考的书，但是并非所有人都能够做到成功人士的高度。成功人士和名人能够成名，必然有他们的独特优势。

就好比说并非谁都能做到像著名销售顾问一般的深度信息分析，又或是史蒂夫·乔布斯那样将有用的信息压缩到极限后整理，做出天才般的演讲。

不是什么事情都一定要做到完美的。

你在过自己的人生，从一开始就没有必要勉强自己。

所以，本书所介绍的整理法，也是从能做到的事情开始做，先从能做到的事情开始入手。

第3条 重视思考，更要重视感觉。

　　说到整理大脑，总会让人觉得是要将脑海中的东西全部厘清一遍，但其实想要彻底整理大脑中的所有事情是非常困难的。特别是本书中所提到的整理，也不仅仅是整理脑海中的信息而已，而是对人生进行重要的整理。

正是如此，才要更加重视内心的想法。

　　每个人都有站在人生的十字路口，无论如何思考都没办法得出正确答案，无法做出正确选择的时候。

　　这是因为脑海中的理性和自己的感受相左，这时也无法成功地用理论来说服自己，因为人毕竟是感情动物。无视心中的想法去做自己不想做的事情，只会让自己越做越后悔，比起做了想做的事情却失败，人更会因为做了不想做的事情失败而后悔。

重视内心的想法，是让之后的人生不后悔的窍门。

而这 3 条守则，也不仅限于是在整理大脑时，在以后面对更加多样的选择时，也会成为思考的标准。

让自己好好地静下来，交换和自己的约定吧。

这里再重复一遍，重要的是在于让你的大脑回到正确的状态。如果用错误的办法整理，是无法让你的大脑回到应有的状态的。因此，也无法得到相应的效果。

一定要遵守和自己的约定。

为了改变人生所做的和自己的约定

读出各项条款，并且在最后签上自己的名字和今天的日期。

约 定 书

我 _____ 在大脑一片混乱，
烦恼的时候，会遵守《3 条大脑整理守则》，度过
自己的人生。

1：不要考虑对方怎么看，而是坚持自己的观点。

2：先做能做的事情。

3：重视思考，更要重视感觉。

年　　　　　月　　　　　日

签名 _____

6

使用魔法整理工具，提高效率

将整理变成习惯

在对大脑进行整理时，需要几个小工具。

我将它们称作"魔法整理工具"，一共有五个。把它们放在一个地方收好吧。

有的东西放在抽屉里，有的东西放在桌子上，有的东西收在上衣的口袋里，东西没有地方放的原因正是因为没有习惯。

而让大脑保持正确的状态，是需要让整理成为习惯的。并且在反复重复的过程中，让行动也成为习惯。

整理大脑 = 使用魔法整理工具→开始整理

一定要遵守这个过程。

🌀 魔法整理工具的使用方法

说到整理大脑的工具，我想很多人首先想到的应该是电脑或者手机，当然它们也是非常重要的工具，但是我所说的魔法整理工具，则是更加简单轻便的东西。

魔法整理工具 5 个

① 笔记本

② 笔

③ 便利贴

④ 透明文件夹

⑤ 秒表

相信有不少人会问我，为什么要准备秒表？那是因为本书所介绍的整理法的过程，是在一分钟完成的，这并不只是整理大脑，更是在短时间内就可以完成整理大脑的方法，这才是在商业场合上真正能起到作用的方法。而且在短时间内让大脑清楚更是很好的解压方式，为此，秒表也是不可或缺的。

而且这 5 个工具，就算全部买新的最多也只要几十元，如果手边有合手的，自然也不用花这个钱了。

整理大脑，可以自然地打开视野，整理心绪，每天自然也感受不到压力。

可以简单地获得充实和幸福感的方法，一定不要错过。

魔法整理工具 5个

① 笔记本

② 笔

③ 便利贴

④ 透明文件夹

⑤秒表

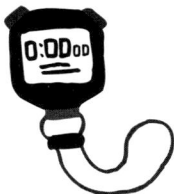

第2章

让大脑清晰的思考整理法

1

用My作为区分的基准

脑内只留下有价值的信息即可

只要对大脑进行整理，很多事情都会变得顺利。

这是绝对没有问题的。

但是，我们该怎么做才能整理大脑？对这点我们需要深刻理解。如果用错了办法，那么无论怎么努力整理也不会有任何效果。

其实用一句话来概括，要点就是"整理大脑是区分的过程。"

举个例子说明，假设现在的你的脑子里塞满了开会、资料、竞争

公司、客户、技术人员等事宜。

不过仔细想想看看，并非所有的事项都是非常重要的。

所以在此时，只需要着眼于能够推进工作的信息，就足够了。（当然，也有一部分的信息是处于"虽然不知道是否很重要，但是作为以防万一"的部分，准备下来也不错。不过本书是以整理混乱大脑为主题的,所以就先不说这部分了。）

那么要怎么进行区分呢？规则很简单。

看清眼前的信息是否都可以产生价值
如果认为不能产生价值
就先作为无用的信息舍弃掉

只需要这么做,就可以快速理清脑内的信息了。

怎么样？

是不是非常简单。

整理大脑,首先需要的是让脑内的信息有条理。

试图避开"在意"是行不通的

很多时候，我们很难区分眼前的信息是否能够产生价值。

这时候，我们需要的是以"My 基准"来做判断。而这个"My 基准"，不仅可以用在整理大脑上，在你面临重要选择时，同样也能够起到帮助。

我的"My 基准"是：

我是否在意这件事。

我很推荐以此作为选择的基准。

前面说到区分的原则是，只着眼当下重要的信息即可，那么重要的信息一定有你在意的原因。

举个例子，假如你喜欢各种啤酒。

知道你爱好的朋友，推荐了你 2 家好喝的店。

第一家只卖国内的地方产啤酒。

第二家卖不同国家的进口啤酒。

喜欢啤酒的你一定会开心地去这 2 家店探店的。

那么，假设你朋友推荐给你的不是 2 家店，而是 20 家的话呢？我估计没多少人能探 20 家店吧。

这时候，就可以用"在意"来进行筛选了。如果你更想尝试国产啤酒的话，那么只需要去有国产啤酒的店就可以了。

还可以用在意的程度进行进一步的区分，来让整理的过程更加容易。

说到在意的程度，我想很多人会觉得是很模糊的标准。这个时候其实只需要简单地遵从自己的感觉行事即可。

我在买衣服时的"My 基准"如下。（考虑的时间、要买的东西、预算。）

> 特别讲究的：会慢慢纠结到满意为止。物品：手表、西装等，预算 10 万日元以上。
>
> 有些讲究的：考虑时间 5 分以内。物品：衬衫、牛仔裤等，预算 1 万日元左右。
>
> 完全不讲究的：考虑时间 1 分钟以内。物品：袜子、内衣等，预算 2000 日元以下。

也许你会觉得这样的选择方式有些奇怪，但是只要有了这样的判断标准，就不会因为他人的的意见和无用的纠结，陷入两难的选择之中。

如果不是非常在意的东西，也没必要事前做功课，从而避免了信息量过大影响判断，这时只需要简单地选择自己喜欢的就好。

这时你需要的，只是"能够在工作中产生价值的信息"和"可以满足自己的信息"两种而已。

用自我基准区分大脑中的信息

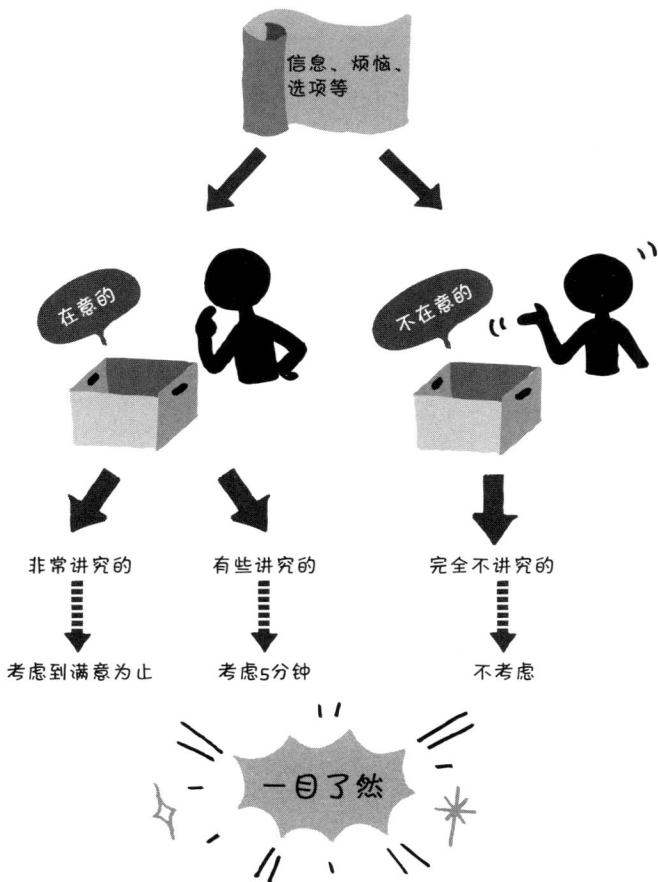

信息、烦恼、选项等

在意的

非常讲究的

考虑到满意为止

有些讲究的

考虑5分钟

不在意的

完全不讲究的

不考虑

一目了然

2

用Yes和No来决定

人每天都在做选择

也许有不少人会觉得"My 基准"的方式有些难以选择或是麻烦。

那么，也可以选择用更加简单的办法来整理你的大脑，那就是：

将脑中的信息用 Yes 和 No 来进行划分。

当遇到"My 基准"无法解决的情况，就用这个办法吧。

我们每日会遇到几百件事情，都可以用 Yes 和 No 来做出选择。

"今天天气有些阴，要不要带伞出门？"

"吃乌冬面还是吃荞麦面？"

现在翻看这本书的你也有可能正在烦恼要不要买下来。（买它！）

其实我们的生活中，多数遇到的选择都不用做出思考，我们都是在无意识中就做出了决定。那么这个时候只需要刻意地简单思考一下，就可以练习一下整理大脑的技巧。

大多数脑中一团乱麻的人，都有着一次性思考太多事情的习惯。

"上午要给顾客回邮件，做好计划书，然后向上司做出差报告，之后确定拜访客户的时间，之后还有什么来着？哦对了，还有部长交代的事情，那个进展怎么样了啊？"

如此一次性思考太多的结果就是，太多的事情挤在一起，根本不知从何下手。最坏的情况是一个上午就这样在思考中度过了。那么别人说你效率低下，也是情有可原了。

其实在这种情况下，用二分法来解决就可以了。用前面的例子举例如下：

这个事情必须在上午解决吗？

· 给顾客回邮件 → 要 (不要) 今天回了就可以

· 做计划书 → 要 (不要) 周末截至，今天不完成也可以

· 向上司做出差报告 → (要) 不要

· 确定拜访客户的时间 → (要) 不要

· 部长交代的事情 → 要 (不要) 今天不完成也可以

· 事情的进展 → 要 (不要) 催也没办法啊

只要这样划分，就可以轻易看出上午需要做的事情只有做计划书、向上司做出差报告、确定拜访客户的时间这三件事。

在大脑里打一场淘汰战

当然，有很多问题不是只要分成2组就能解决的。很多时候需要从众多的灵感和信息中选择出1个最适合的。那么这时候适合使用的是二分法。

将脑中的大量信息排列成一对一的关系，通过二分法的方法抉择出最好的。

从100个选项中选出1个，感觉是很难的事情。但是如果是从2个选项中选择出优先度高的选项就不是那么困难了。《二分法思考》的作者石黑谦吾，把这种思考方式称作淘汰式思考。

比如，你的上司要求你不管用什么办法，都要增加新客户。这个时候你想到了4个办法：

①电话推销
②上门推销

③网络推销

④直邮广告

上述 4 个无论哪个都是不错的方法，但谁也没办法同时进行所有的工作。那么这时候就很适合用二分法的方式进行划分。把必要的事项写下来之后进行整理，这样能更明确地确认自己的想法（如下页图）。

每件事情思考的时间也不要超过 1 分钟：

电话推销 vs 上门推销 电话推销更好

网络推销 vs 直邮广告 直邮广告更好

电话推销 vs 直邮广告 直邮广告

用二分法的方式进行筛选的话，最后肯定能得出一个选择，眼下最好的选择是④直邮广告，那么现在就开始着手推进工作即可。

用淘汰战式的二分法来整理大脑

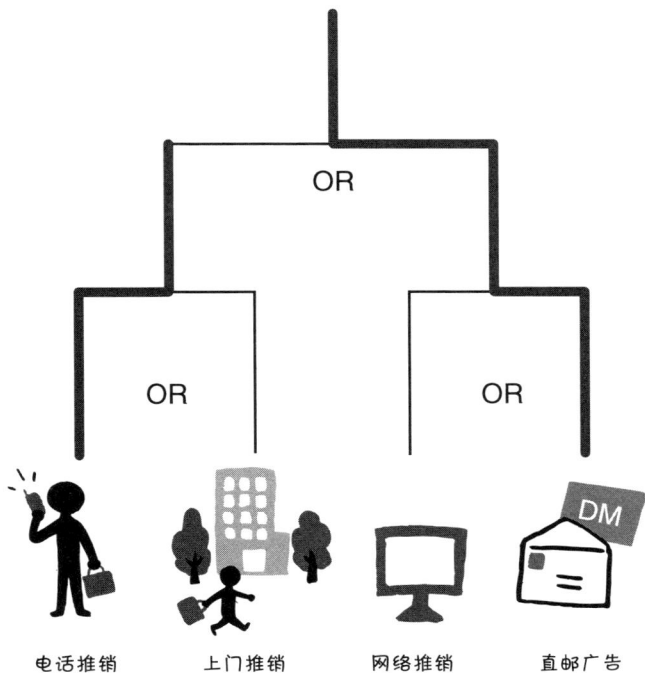

你的答案 ＝ 👑

OR

OR　　　　　OR

电话推销　　　上门推销　　　网络推销　　　直邮广告

3

用喜欢和讨厌来选择也未尝不可

你喜欢的是哪个

前面介绍了二分法的方式来做选择，但有时面临最后的抉择却开始拿捏不定，在这时用

你自己的喜好来选择吧

其实，除去一部分的例外，能够高效完成上司交代的工作的方法是按照你喜欢的手法来进行工作。比起厌烦，肯定是快乐的心情能够更高效地推进工作，这样也能更快得出成果。

这一现象，在心理学上被称为主观能动性附加。比起外力强制使人工作，对工作有兴趣的人会自发地工作到拿出成果为止。如此，必然更有效率。

用前面二分法的例子来打个比方。如果你更擅长打电话，不擅长写直邮广告的话。这时候干脆选择你更擅长的方式来工作才会更有效率。

虽然有人可能会觉得将个人喜好带入工作中是很荒唐的事。但别忘了做工作的是你本人，而且如果能够更有效率地完成工作的话，尝试一下又有何妨？

先把公司的方针和他人的标准放在一旁，如果一开始就以他人的角度考虑的话，会让思维更加混乱。

不管是人生的选择还是工作的选择，为了之后不后悔自己的选择，请务必遵从自己的内心。

4

特殊情况要用特殊的整理方法

意外也是转机

由雷曼兄弟事件引发的百年一遇的经济危机，和千年一遇的东日本大地震等黑天鹅事件，随时都有可能出现在我们的生活中。

突发的事故、麻烦、失恋等都是我们生活中的晴天霹雳，遇到了突发事件的人们也无法像平时一样面对生活，也无法和平时一样用"My 基准"来整理自己的大脑。

但是往往在这种时刻，能够顺利度过特殊时期的人会获得相应更大的回报。

顺利度过非常时期才能够更加平稳地过度到普通的生活中，这样

也能让周围的人对你有更高的评价。反之如果你在特殊时期束手无策的话，在此之后由于你的无所作为，别人自然不会认可你的能力。

为了应对特殊情况的发生，需要准备特殊情况下的"My 基准"。

在非常情况下最重要的是保持冷静，为此需要首先确定自己的状态，这样才能在混乱和突发事件中保持冷静，做出正确的行动。

而我特殊情况的整理方法有 4 条规则：

①发生突发情况时，遵从直觉的引导整理大脑。
②发生突发情况时，重视个人喜好整理大脑。
③发生特殊情况时，只考虑全体的方向整理大脑。
④发生特殊情况时，参考前辈的建议整理大脑。

我以前在培训演讲的时候，有人曾经问我说："顾问也会重视直觉吗？"

我所面对的工作基本都是很重视理论能力的，在培训中也会强调理论能力是非常重要的，因此被这么问我一点也不奇怪。但在现实生活中，发生突发情况时不论是谁都会陷入手足无措的情况。而在混乱的情况下，要求对事物进行正确的整理是非常困难的。

此时只需要能够当机立断地做出抉择即可。

特殊情况下的"My 基准"需要你回忆起以前的特殊情况你是怎么度过的，以此为参照来处理现在所面临的问题。

其他需要注意的是：比起理论，更注重感情。

在我的规则中，感情的部分包含了直觉、个人喜好和人生的方向性。

意外发生之时，身心都难免陷于恐慌之中，人很难冷静下来。

那么这时候就要理解目前的状态，先确认在方向性来说没有出错就可以。虽然和平时相比，整理的精细度变少了。但是在非常状态下少就是多。在这时能处理的信息量越多就越能把握住后来的方向，知道后面应该做什么。

顺便解释一下，第四条的规则，是因为如果在陷入恐慌时，因为事件的严重性不同，恐慌的程度也会有所不同，在严重的情况下有可能陷入恐慌无法自拔。那么这时如果不参考别人的建议，只是按照自己的方法横冲直撞，那么做多久也只是无用功而已。

在非常情况下，借助可信赖的人的力量也是非常重要的。

在东日本大地震发生后，我手上的所有案子只能被迫暂停，公司也一度陷入了危机之中。不过我凭借着这4条规则行事，第二周就重新开始营业了，顺利地度过了经营危机。

正是因为有规则可循，才能知道接下来需要做什么，不会停滞不前。

伴随着行动，大脑会进一步思考判断下一步需要做什么，成为接下来活动的方针。

5

列出条目让
思维可视

总之就是先写出来

当我了解了很多大脑里一团乱麻的人的时候，我开始明白其实他们这样也有可能是因为他们完美主义的个性在做怪。

总是想着"要好好整理""完美地列出优先顺序""要整理得很漂亮"，结果太过于纠结这些，而导致根本没办法开始整理。

其实，整理大脑的这一说法本身是带有迷惑性的。整理大脑也并非意味着你要把一切全部归纳一遍，而是只要能够在必要的情况下检索出必要的信息就可以。

很多时候就算很好地确定出了"My 基准"，但是也没办法好好

地整理大脑。在这种情况下，需要做的是首先把大脑中所有信息全部列出来。

暂时什么都不要考虑，先把大脑中的信息"列举"出来。

这么做是因为

可以自由编辑 & 可以规避整理感和步骤的概念，输出脑内的东西。

列举完成之后，深呼吸放松再看自己列举出的条目。之后冷静思考自己脑中的信息，再决定优先顺序，整理、编辑即可。

列举时需要注意的3个重点。

①随机写出脑中的信息

②在句首做好标记（为了醒目，做★或者○的标记）

③如果整理的目的是确立优先级，则需要在文头加上序号。如果目的是写文章，那么就把写好的信息整理、粘贴，组成句子。（使用记号笔或者箭头可以让文脉更通畅。）

总而言之，先写出信息。之后按照一定的规则进行整理就好，加上眼睛和手的帮助可以让整理变得更精细化。

其他需要注意的，还有以下这点：

列举出来的信息要写得尽量短，所有的信息都要写在一张纸上。

不要用电脑，一定要手写。

写的东西如果不能一眼概括，就没有专门写出来的必要，所以一定要写在一张纸上。而要求手写的原因是因为手写可以简单轻松地想到什么写什么。整理大脑需要列出所想的全部事项。如果是用电脑写就无法用轻松简单的心情列举出来，最后一定会有遗忘的部分，这些遗忘的部分就像房间里的灰尘一样不断累积，越来越多。

写下来的东西也不是给别人看的，所以其实写得杂乱也无妨。只要能够帮助自己整理思维就是好的。

等你养成了这一习惯，你的思维也会有条理，我很推荐这样的做法。

先把大脑中的信息"列举"出来，之后再整理。

列表　　　不要在乎顺序，先写出来

〈今天17点之前要做的事情〉

· 给顾客发送资料
· 做会议的资料
· 申请交通费
· 预定出差地的旅馆
· 准备新产品的策划
· 预约20家客户推销

做好记号　　每句开头头不要写·，而是使用不同的记号来区分重要程度和优先程度。

整理、编辑　整理、编辑
（★→☆→◎→○→△）

〈今天17点之前要做的事情〉

★给顾客发送资料
○做会议的资料
△申请交通费
△预定出差地的旅馆
☆准备新产品的策划
◎预约20家客户推销

6

图表化可以让你整理他人的大脑

为什么很多会议无法得出结论

你有没有参加过那种大家各说各的，根本拿不出统一意见的会议呢？

会议肯定是多人进行的，换言之就是有很多个大脑在一起开会。无数个大脑在一起不断地进行整理，直到最后得出一个结论，这是开会的意义。

可能这时候会有人说了："我现在连自己的思维都整理不好，怎么帮别人整理思维？"但是其实只要掌握了几个技巧，就可以顺利地整理大家的思维了。

换言之，顺利组织会议的技巧 = 顺利帮大家整理大脑的技巧。

很多人都没有注意到，决定会议成效的实际上是开始前有没有好好准备会议。

准备资料等事宜自然是非常重要的，但其实还有更重要的事情。

在这里我来举个例子，假设我们在开一场迷你会议。

我们是国内一家大型制表公司，公司马上要迎来创立 50 周年了。为此，我们将推出一款 50 周年纪念时计，这次会议就是要确定出新产品方案。

你想做一款什么样的产品呢？请思考后在下栏写出或者画出你的方案。

意见栏

想到什么了吗？那么我来介绍一下我的方案吧。

> "恰逢 50 周年，我想制作一款全新形象的沙漏。沙子流下去的同时，音乐也会随之响起，是眼睛和耳朵的双重享受。"

乍一听上去是不是有些匪夷所思？我在前面说过，我们是国内首屈一指的制表公司，因为最近钟表的销量下降得很明显，所以我们需要启动全新的企划来增加销量，因此我举行了这场会议。

你看，如果只说"表"这个关键词的话，有些人会想到劳力士等高级品牌。有些人会想到斯沃琪等轻便的运动手表，也有人会想到是不是要开发座钟了，自然有人也会想到是沙漏（沙漏也是一种计时工具）。

所以，很多时候单凭语言是无法完全传达脑内的想法的，很多时候大家开会也只会产生错位的想法与理念，最后导致会议上大家只是在各说各的。

整理多数人大脑的技巧

为了使会议进行得更有效率，或者说整理大多数大脑的办法，有下面2个整理多数人大脑的技巧。

1. 决定对话用词的定义

如果不对谈话中使用的单词进行定义，对话的双方可能会对意思的理解产生微妙的不同，开会的议论重点也会变得完全没有中心。

比如说，对于"市场营销"这个词，有的人会把重心放在"营销"上，有人会把中心放在"调查市场"上。如果没有对词语进行精准的定义，只是讨论"市场营销的重要性"的话，是不会有结果的。

此时，将"市场营销"定义为"营销方法"的话，对话就有了重点，也不会发生大的理解错误，这样一来会议便可以更有效率地进行下去。

特别是某些容易产生歧义的词汇，事先做好具体的解释是很有必要的。

2.尽量将会议中的对话、会议过程（演讲、决定事项）转化为图表

就算接收到了同样的信息，但是脑海中仍旧可能浮现出不同的事物。而且这一差异很多时候互相之间也没有察觉，这样一来便很容易导致会议的结果前后不符。

而如果将会议的内容和过程转化为图表的形式，这样一来不仅大家的大脑可以经过整理，维持正确的思维，看着同样的动画或者图标参加会议也能保持着同样的思维模式。

如此一来，会议的过程自然会变得更加顺畅，更容易得出好的结果。

图表并不用做得很好看，重点是要让大家更加方便理解。因此不要只是写出文字，要多运用直线、四角形、圆形等制作出有关联性的图标。

整理多数大脑的诀窍，就是运用"决定词的意思"和"将对话图表化"的方式，做出"大家共有的领域。"

文字和句子转化为图表

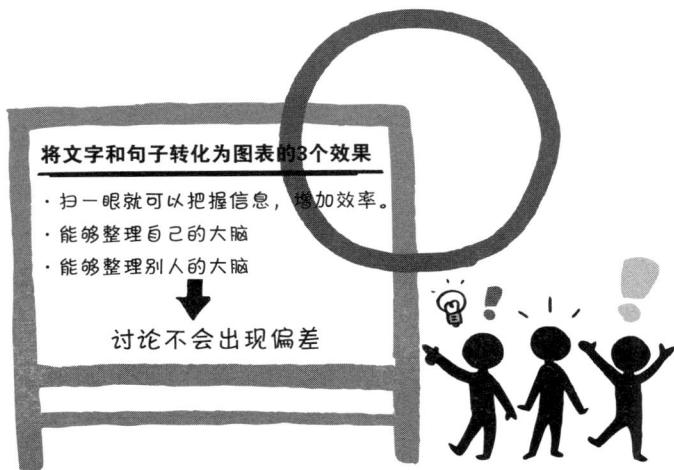

将文字和句子转化为图表~~有3个效果。首先将信息转化为图标的过程能够整理自己的大脑。其次是图标很容易阅读，只需要扫一眼就可以理解大概的信息，能够增加阅读效率。最后做成图表可以在会议中配合动画等形式，以此整理参会者全员的大脑，防止讨论中出现理解偏差。~~

将文字和句子转化为图表的3个效果

· 扫一眼就可以把握信息，增加效率。
· 能够整理自己的大脑
· 能够整理别人的大脑

讨论不会出现偏差

7

用画和照片来创造世界观

在脑海中放映示意动画

你有没有过脑中浮现出了很有趣的创意，但是等和别人说的时候却不被他人认同的经验呢？

虽然有可能是你的创意真的没有那么有趣，但是也有相同的几率是因为你没有让对方体会到你创意的有趣，这是因为你没有整理你的创意。

可能有人会说："创意是不能整理的吧？"其实这时只需要将脑海中的创意用画或者照片的形式展现给他人就可以。

就像把脑海中的创意转化为语言或者图表一样。

将脑海中的想法具象化，以有形的形式进行呈现。如此一来就可以和对方共同享有世界观，对方也更容易理解和思考你的创意。

前几日，我的朋友找到我说："我想到了一个面向老年人的服务，能不能从专业角度帮我分析一下有没有问题。"

我听了他说的话，但是怎么都没有想法。虽说"老人郊游"这一创意不坏，我却想不到这一创意的具体做法和形象，我没有办法给他建议。于是我问他："你说的老人，具体是什么样的老人？"他听到我的提问，沉默了好一阵子。我感觉他其实也没有具体的概念，于是我让他把自己的想法用照片或者画的形式呈现出来。几天后，他带来了一本写生簿，里面有 60 岁左右的女性牵着像是她孙子的小男孩的手在散步的照片、吃便当以及 60 岁左右的男性和女孩子在一起的照片，相册上面还有花田的照片。

沉浸在温馨感里的我不仅仅给了他建议，还对他说了我之后的很多想法。

难以用语言形容的企划，就用照片、图画来展示。

先不要考虑是否能给第三者看，将创意或者计划用照片、画的方式呈现出来，如此一来会更容易找到问题，也更容易联想出其他的创意，也可以用作对他人说明时的材料。

此时需要注意的是一定要注意凸显出最重要的部分，让人们能够一下子就注意到重点。

凡事都有中心，如果不能让其他人理解事物的核心，那么无论使用什么语言去描述，对方也不会理解你的想法。如果你的想法包含了其他要素就更应如此了。

让想法成为现实，首先你需要做的就是让想法形象化。

将脑海中的想法具象化，用图或者照片的形式呈现。

说到 "老年女性"

其实也有很多种形象

8

用 "母语" 思考

感觉差不多明白了是不行的

某天，你的上司 A 找你说了你产品事业开展的计划，并且对你交代了如下内容：

"这次，对于我们公司要发售的新产品，希望你能够认真地做好市场营销，concept 和 USP 一定要明确。此外，promotion 一定要结合 CSR 的部分去想，不过一定要注意整体的 compliance，计划一定要写得慎重啊！"

怎么样，你听明白你要做什么了吗？

A 上司走了，这次 B 上司来找你谈话：

"这次，我们公司要发售新产品，之前一定要认真想一下，做出

能畅销的计划。特别是要注意突出产品的<u>卖点</u>和<u>特征</u>，让顾客产生消费的欲望。此外我希望你做出能引起<u>社会共鸣</u>的<u>推广模式</u>，但是千万<u>不能违法宣传</u>，一定要慎重计划啊！"

其实，B上司和A上司的意思是完全一样的。（划线的部分是A上司用的英文，B上司替换成了国语。）这样一来，A上司和B上司的指示谁的更容易听懂，就很明白了。

特别是如果你的日常生活是以母语为主的话，就更是如此了。

英语的部分，就先置换成同样意思的母语吧。

如果使用外来词，虽然大家大概可以明白意思，但是本来词汇的含义和每个人的理解都会有细微的差别，结果谈话的内容也会产生差异。

但是，如果用简单的母语进行交谈，那么词汇的意思和细微差别也就不存在了，可以精确地理解对话的含义，也能比别人更快地整理大脑。

自己都不清楚的事情别人更不清楚

　　有很多人喜欢在对话中使用英语或者外来语，确实这样可以精简对话的过程，但是语义也会相应变得抽象和难以理解，让人没办法立刻体会到真正的意思。所以将对话中出现的外来词替换成固有词，不仅能够让大脑思路清晰，在展示给第三人的时候也更容易让他人理解，非常方便。

　　说话的时候，未必非要直译不可。

　　我们的目的只是要整理自己的大脑，重点是使用自己容易理解的单词来置换。但对于语义暧昧的词，需要特别的注意。下一页是商务活动中经常使用的外来语，供大家参考。

商务活动中经常使用的外来词

Compliance
→一定要遵守法律和规则

Routine
→决定好的办事方法（顺序）（包括自己决定的）

Priority
→优先顺序

Scheme
→计划的主题构架，方案

Synergy
→协同作用

Potential
→可预测的可能性、潜在能力

Brainstorming
→头脑风暴，畅所欲言的会议

Pending
→待定，悬而未决

9

做到自己懂的状态即可

很不安，不知道现在这样是否可以。

有时"烦恼"也会成为让大脑混乱的原因，有时在着手工作的时候，会怀疑自己现在这样做是不是正确的，开始变得不安，想东想西。

人类的大脑是非常奇怪的。只要有过一次怀疑，之后就会一直在意下去，不断地介意着怀疑的事情。

换言之，如果想要大脑一直保持清楚的状态，首先需要避免这些让人过度思考的事情。

不安的原因，是因为不了解现

在自己所处的状态，那么只要能让自己明确地知道现状就可以解决了。

每天，是否朝着目标前进？有没有进一步让想法成为行动？每天不断地记录自己的行动，让自己可以确认自己每日的成长。

给自己的状态和进度做好记录，让自己能够把握工作的进展，这么一来就能很明确地知道现在的问题在哪里，下一步应该做些什么，如此一来也不容易陷入多余的烦躁情绪，能够让自己一直保持着清楚的状态，也更不容易让自己情绪低落。

举个例子来说：现在市面上有着层出不穷的各类减肥方法，单看方法很难让人坚持下去，因此人们常说减肥是和意志的战争。

在一开始减肥的时候，如果没办法立刻见效，人就会开始想："这个办法真的能让我瘦吗？""这个办法是不是对的？""有没有什么办法能更快地让我瘦？"一旦开始想东想西，就很容易对自己的现状产生不安，没办法继续坚持下去。绝大多数放弃减肥的人都会经过这样的心理活动。

而经过了上述的心理活动，却没有对自己的想法动摇，成功坚持下来的作家及评论家冈田斗司在自己的书《不要觉得自己永远是胖子》（新潮新书）里，介绍到了"饮食记录减肥法"。

这个办法是将自己每日摄取的热量记录下来，检查自己每日摄取的热量、食物总量、零食等项目，以此改善自己饮食结构的办法，同样还需要记录每日的体重。

这样一来，就可以一眼观察到自己每日的成长与努力的成果，避免了多余的不安情绪。并且，每日的记录能够更加切实地感受到自己的进步，让自己感受到安心，这样一来就不会开始想东想西，可以顺利地进行自己的计划。

记录自己的行动，会怎么样？

我把工作上需要持续的项目做成目录，每天在工作结束后以此来检查自己的工作。

　　首先我会花一分钟的时间看日程表，回忆当天的行动，将完成的工作用马克笔划掉，以此来检查每日工作的进度，避免让自己手忙脚乱。已经完成的工作，我也不会去在乎，忘了就好。

　　至于那些没有做好的、没有做到的事情，我也要完全地掌握，在明天给自己的工作安排中作为需要重点注意的事项，思考问题点和改善点。

　　我开始用这种办法让自己把握自己的状况，使自己能够更加稳定地完成自己的工作，只要没有极度混乱的事情发生，我就可以保持安定的状态。

　　而把握自己行为的方式，则没有一定的限制。

　　我用的方式是像下页一样，将自己的日程做成表格，在里面填入对应的项目。不过整理的办法可以随机应变，写在社交软件里也非常好。此外，推特每次发帖不能超过 140 个字，所以如果要在推特上发帖，就要对语言进行进一步的整理，要让别人容易阅读。这对日常生活的整理同样有帮助。另外，在没有活力的时候，也可以看看自己的粉丝给自己的意见，从而让自己有动力。

　　只需要花一分钟来回顾、记录自己的行为，就能够对自己进行一次心灵保健。

　　人有着容易不安的缺点，因此对心灵的保健是不可或缺的。所以请养成每晚花一分钟回顾自己一天的习惯吧。

写好记录来防止自己的大脑出现混乱

记录每日的行动和工作进度，可以让你在
脑内对课题和解决方法进行整理。

7月

项目	1 五	2 六	3 日	4 一	5 二	6 三	7 四	8 五	9 六	10 日	11 一	12 二	13 三	14 四	15 五	16 六	17 日	18 一	19 二
〈资金运用〉																			
□资金表检查																			
〈客户的业务〉																			
□【●●】制作项目议事录																			
□【●●】制作项目提案书																			
□【●●】项目材料、制作事件簿、预习、市场研究																			
□【●●】项目的预习、概况、制作议事录																			
□【●●】制作项目企划书																			
〈新进项目的跟进〉																			
□公司的项目跟进																			
□讲座等场合认识的人、项目重要人的跟进																			
〈讲座准备〉																			
□推广、吸引客户																			
〈书籍准备〉																			
□《现在就做》书的编辑工作、推广准备																			
□《一分钟思考》写信（首次截止至7月20日）																			
〈联名、委托案工作的（老客户追踪）〉																			
□会计的联名跟进工作																			
□与行政的接触																			
□向公司的营业演讲的PR跟踪																			
〈联名、委托工作的新准备〉																			
□公司学习会																			

小小的积累就会变成成长。

10

有些事情其实不用思考也可以做出选择

省略一切不必要的终极整理法是什么

经营顾问大前研一说，他的工作室中的家具、桌子和抽屉内所有物品的摆设，都和自己在做职员时的陈设是一样的，这是为了避免在找书和找铅笔等琐碎的事情上浪费时间，让自己能够习惯物品的陈设，"习惯化"自己的房间。使这些行为不需要思考，只需要直觉便可完成。如此一来，所有的时间都可以用来为顾客想出最好的建议和点子，让自己所有的智慧都能放在为顾客的服务上。

人只要能省略大脑中那些无用的思考，就能让多余的精力更好地去思考高附加价值的事情。

比如，你在集中精力写报告书的时候，突然笔的墨水用完了。如果你之前就知道墨水放在哪里，就可以马上给笔加上新的墨水，这一连串的动作可以一气呵成地完成，并不需要用多余的精力思考墨水放在哪里，如此一来注意力也不会被打断。

但是如果自己不清楚墨水具体放在哪里，就会不自然地想"好像是在这里""墨水放在哪儿去了？"这时脑子里想的全都是墨水的事情，如果思维再发散一些，就有可能会想到："这个笔好像买了好久了，是什么时候买的呢？"又让钢笔的事情充满了大脑。这么一来，如果再想集中精力在写报告书上，那么又要多花费些时间了。

但是对于写报告书来说，钢笔和墨水的事情本身就是无用的思考。所以我们需要选择性地忘记无用的事情。

也就是说，重点在于减去无用的事情。

而终极的办法，就是前面介绍过的大前先生所用的，让自己的生活"习惯化"的方式。

成为一郎选手就好

虽然想做到像大前先生那样彻底的习惯化是很难的，但是如果能习惯化自己日常的活动，也是可以节省很多时间的。

这里所说到的"习惯化"，是指让自己行为的顺序规则化。

如果能减少行为中多余的部分，自然就能让大脑不必浪费精力在无用的部分上。

首先需要做的，是从早上开始展望自己的一天，找出"可以习惯化的部分"和"不能习惯化的部分"。

可以规则化，不用过多思考的事情。= 能够习惯化的事情。

即使规则化也必须每次加以思索的事情。无法习惯化的事情。

先将事情二分化之后，写出具体的清单吧。

比如，就像这样：

·回复邮件的时间分别是从上班开始到上午十点，和下班前到下午七点两次。

·预约客户的时间是每周一上午十点开始的一个小时，以预约 10 家公司为目标。

像这样可以细致地决定好规则的事情，就多多决定下来。如此一来，既不用烦恼每件事情的先后顺序，也不用迷茫自己下一件事情该做什么。工作就像刷牙一样，成了理所当然的行动（没人会烦恼为什么要刷牙吧）。

另外，像是无论如何都要"考虑方案"，"在工作中需要进行复杂的交涉"这样无法规则化的事情，就应该好好地集中精神思考，想出能够创造出价值的东西。

那些被称为一流的人，很多都是能够熟练使用习惯化和无法习惯化规则的人。

比如棒球赛大联盟的一郎选手，就是一位几乎将自己所有行动全部习惯化的人。他从入场开始的练习、比赛，直到比赛结束后的所有行动每天都是一样的。包括从长椅走入击打位置需要走多少步也都习惯化，如此一来，就可以将所有的注意力全部放在打球（无法习惯化）上，这样更能做出成绩。

越是一流、专业的人，越喜欢让自己的行为效率化。有意识地区分可以习惯化和不能习惯化的事情，让自己省略更多没有必要的思考。

如果你想发挥你真正的能力，那么就从模仿一郎选手开始吧。

第 **3** 章

减少脑内无用事项的 信息整理法

1

减少输入吧

我们不需要多余的信息

遇到不清楚的事情，基本大多数的人都会上网搜索，这样一来确实非常方便，但是这一做法也有些问题。这是因为获取信息的过程太过简单，以至于人们很容易获得过多的信息，这么一来，太多无用的信息占据了大脑，让人们的思维开始混乱。

前几天，一位客户向我咨询到："我查到了很多信息，但是我不知道这里面哪个是可以帮我解决问题的。"

我也惊讶于他能够查到这么大量的资料。具体问了他才知道他认为"知道得越多越好"，于是拼了

命地查了这么多的资料。

　　其实，很多人都像这位客户一样，认为"知道得越多越好"。自然，查找资料是非常重要的事情，但是如果多到让自己的思维开始混乱，那自然是本末倒置了。自然，查找资料的时间和在思维混乱上花费的时间都是白白浪费了。

**　　如果你感觉自己的思维已经开始混乱的话，那么就先暂停给自己的大脑输入信息吧。**

　　更加遗憾的是，我整理了顾客收集的大量的资料，才发现其中大多数的东西要么是非常老旧，已经起不到作用了，不然就是很多重复的内容。我们两个人经过整理后才发现，实际能派上用场的信息，最多也就一成。

　　我对顾客说"用这些就足够了。"听完这话他也回去了。

第3章
减少脑内无用事项的
信息整理法

创造不能输入的环境

"想要停止输入，但是公司就有电脑，很多时候不经意地就开始上网搜索了。"

①设定不要输入的时间。

②让自己处在无法输入的地方。

这是我自己实践的方法，如果不改变自己的工作习惯，无论你在大脑中说多少次"不要多查资料了"，你也会因为自己已经习惯化的工作方式，而下意识地开始上网查资料。因此，这不是简单就能改变的习惯。

这时，你需要做的是刻意列出"不要输入"的时间。比如"直到今晚五点""一周内"，这样明确的时间节点可以有意识地控制住自己。

另外，如果手边就有可以上网的设备，就很容易开始查找资料了。所以如果想要集中注意力工作，重要的还是要让自己身处不能上网的地方。

之前，我的某位委托人曾经进行过一次实验。在进行商品开发会的时候，总是没有新商品的好点子。公司领导感到了不安，于是让所有人在一周的时间里不要查找任何资料。因为最近大家总是在分析庞大的资料，包括市场行情和顾客体验等方面，但是在会议上却得不到任何结果。

　　之后，公司的领导更是禁止大家在自己的工位上工作，工作只能在公司的接待室或者外面的咖啡馆，用纸笔工作。

　　公司的员工们虽然感觉很意外，但是一周后的会议上却提出了超过 30 件的新创意，大家进行了热烈的讨论。

　　我并不是说收集情报是不好的事，信息的收集在工作中是非常重要的。但是我们在对新的事情或者重要的事情进行思考、判断的时候，过多的信息反而会成为思维的障碍。

　　如果你已经感受到"过多的信息让自己混乱了"，那么不妨试试看前面介绍的办法，先停止输入信息吧。

2

先下好结论

胡乱地收集信息只是徒劳

在查找资料的时候，有很多人总是喜欢收集大量的情报，这也是因为他们认为情报越多越好。

但是如果只是收集信息，那么最后得到的信息一定是没用的。

在查资料的时候，先下好结论。

这就是"假说思考法"，在着手事情的时候，根据当下的情景思考出假设的结论，让自己从结论出发进行思考。

比起发散性的思考，围绕着一个假说开始思考的方式，更能让自己明白"自己需要的是什么。"这

样可以减少无用情报的收集，省下更多工作上的
精力和时间。

比如领导说："思考一下高龄化社会的商机。"
这个时候的关键词就是高龄化社会和商机了。但
是在网络上搜索的话，不会出现具体的回答和案
例。在网络上搜索这两个关键词出现的信息足足
有几百万条，想要全部看一遍也根本是不可能的。
这样就更不清楚查找资料的范围了。

那么这个时候就需要先假设出某种结论，然
后围绕着这一结论查找资料。

**高龄化社会是什么样的呢？——腿脚不便的长
者去超市买东西会不方便——快递的比例也许会增
加——查找资料的标题成了"长者的购物实态""长
者的网购比例"**

如此一来，搜索的范围一下就变得具体了。
当然，这里说到的结论也只是假说的范围，
并不一定是对的。

设立假说，收集信息，修正错误，然后再建立新的假说，围绕着假说收集新的信息。不断地重复上面的行为，提高信息或是结论的精确值。

虽然有时会出现一些大的偏差，但也因为有了预设的假说，让找到正确的线索变得容易，缩小了查找信息的范围，工作的时间也得到了缩短。

迅速收集信息离不开"假说"的帮助

工作自然是要做得正确，但有些情况下比起正确度和精确度，更需要速度和生产性。

这样的情况下，假说思考法就起到了很大的作用。

因为有了假说法，人们可以更加快速和高效地收集信息，不用对信息进行长时间的思考。从现有的信息中思考一分钟，建立假想的结论就可以，之后再围绕着假说的范围思考即可。

假想的结论让收集信息的效率更高

问题　　　"查找高龄化社会的商机"

提供送货服务也许可行
HAPPY!

假想

长者
身体弱
买东西不方便

搜索　高龄化社会商机

假说

搜索　长者的购物实态

搜索　长者-人气-送货服务

查找潜在客户的数字
我们公司说不定可以做

唉

几百万条的
搜索结果

HAPPY!

PANIC!

信息　信息
信息
信息　信息

我要从哪里
开始查啊

胡乱收集信息，只会让自己永远找不到答案。

3

搜索最多用10分钟

🧶

如何使用千万条的结果，全看你自己

在网络上搜索本书的主题"大脑整理法"，会出现千万条搜索结果。只需要一瞬间就能获得如此大量的信息，搜索引擎是真的很方便。

但是另一方面，在这千万条结果中找到自己需要的答案，确实是一件很难的事情。

要把如此大量的信息全部看一遍。实在是一件费时费力，还可能会让自己的大脑更加混乱的事情。虽然我相信没有人会真的看一遍。

但是人的心理活动，会让人觉得"说不定下一个更好""搞不好下一条写的更有用""我再看一个、再看一下"，于是会不断地纠结下去。还有人会想着再看看其他的东西，结果开始看了和工作完全无关的网页，如此一来更是没完没了。所以需要给自己立下规矩。比如我给自己定的规矩是：

每次使用搜索引擎，最多用 10 分钟。

在如此庞大的信息量中，只用 10 分钟就想查到有用的信息自然很难，但也没有人能保证用上 1 个小时就能搜索出最适合的信息。

况且，在搜索超过 10 分钟的时候，有更大的概率出现很多相同的结果，这时人能集中注意力的时间也差不多到了。

当然每个人都有个人差别，这个时间作为参考就好。

如何在10分钟的时间里更有效率地查找资料？

要找到最适合自己的信息，需要下面的几个技巧。

1. 用 1 分钟的时间查看第一页搜索的标题

搜索的结果出来的时候，先用 1 分钟的时间查看第一页搜索出的标题。

根据搜索的结果顺序从上往下都看一遍的话，实在是太费时间了。所以我们先粗略地看一眼标题，提炼出自己需要的信息后再详细阅读。

2. 把自己感兴趣的信息打印或者放进收藏夹里保存

发现了接近自己想要的信息的结果时，先不要开始阅读内文。而是放入收藏夹或者打印下来，之后再看。如果立刻开始看的话，很容易一篇接着一篇看下去，所以这时候就先等等吧。

3. 开始看第二页的搜索结果

如果在第一页里，没有出现自己感兴趣或者需要的搜索结果时，就开始看第二页吧。

此时也是一样，不要立刻阅读内文，而是将网页放进收藏夹或者打印下来之后再读。完成上面的流程所花费的时间大概是 10 分钟，如果这个时候有多余的时间，就可以继续看第三页。不过需要注意的是，10 分钟的时间限制是一定要遵守的。等过了 10 分钟一定要停止搜索，开始详细看内文吧。

很多人不免会想："在 10 分钟里就找到自己想要的信息真的是太难了。"其实，我在给别人介绍这一方法的时候，很多人也不免面露难色。

但其实，10 分钟的时间限制能够让人在搜索的时候不拘泥于详细的内文或是说明，而是目视整体，从而找到自己真正需要的信息。

4

笔记只需记录
关键词

会记笔记，不一定就能做好工作

曾有传闻说"只要会记笔记，那么工作就一定能做得好"。自然，工作完成得好的人，都有记笔记的习惯。但是很多人没有注意到的是，笔记并非只是记下来就好。

我之前工作过的公司里有一位前辈，他是工作能力非常强的人，笔记也记得非常详细。

我问他："为什么你要记那么多的东西？"他告诉我："我记笔记是为了整理自己的想法，让接下来的行动更有条理。这样一来不仅

不会忘记重要的信息，也能减少工作上的错误。"

之后他又告诉我说："但是笔记也不是记下来就可以，重要的是把关键词记下来。"

记下关键词，其实是记录了工作内容中最重要和最核心的部分，也就是说

关键词是当下思考时最重要的部分，找出关键词记录下来的时候，其实已经整理过一次大脑了。

这样一来也可以在短时间里记录大量的信息，能够更高效地使用时间。之后再查看笔记的时候也更加清晰、有条理。当然，很多人会顾虑到：如果只有关键词的话，会不会之后忘记了当时的内容？

这样的情况自然是有可能发生的。但换一个角度来说，如果你已经忘记了内容，那么这件事情对你来说还重要吗？

第3章
减少脑内无用事项的
信息整理法

相反的，如果笔记记得很详细，甚至是一字一句地写下来。既花费大量的时间不说，之后检查笔记的时候也很容易迷惑，不知道哪里才是重要的部分，在阅读上也非常花时间。甚至有的时候太过于专注记笔记，而忘了理解讲话时内容的含义了。

如何有效率地写只有关键词的笔记？

首先需要注意的是，不要在有行和列的本子上记笔记。如果有了行和列的线，出于人的心理活动会下意识地想把笔记写得工整。

我推荐用有小方格的笔记本。这样的笔记本在设计和制图上也经常使用，可以在你喜欢的地方写笔记，之后划重点的时候也容易，也容易装饰。

只记下来关键词的效率很高，在关键词上画上重点或装饰，能让之后看笔记的时候更容易整理。此外，在关键词和关键词之间做不同的记号，比如用线连接在一起、画上箭头、打上圈都是非常好用的办法。让关键词之间有了联系和前后顺序，这样也更容易在脑中整理事物的前后顺序。

　　如果你要移动你的关键词，或者想在多个地方使用的时候，我推荐使用便利贴。

　　把关键词写在便利贴上，之后按照自己的需要贴在笔记本上，更换前后顺序或者贴在其他笔记本上也非常方便，之后用完了扔掉就好。

　　想记和工作日程关联的笔记时，用便利贴也非常好。只需要贴在工作笔记的当天页就可以了。（便利贴的活用方式我会在下面详细地说到。）

　　只要正确地整理信息，大脑也自然舒畅。

　　记笔记要记得有效率、有效果。

5

分类使用便签整理信息

3种+2种的便签

便签是商务工作中不可或缺的好工具。

不论是当作书签、写笔记，还是用来给信息分类都可以，用途非常广泛。用完了扔掉就好，之后想要贴在其他的地方也很方便，在职场上很受欢迎。

当然，用在整理大脑上也非常的好用。

这几年，市面上出现了很多不同型号、颜色的便签。

在整理工作信息上，更是多了不少方便的用法。

我自己有 6 种不同颜色和大小的便签。在记录想法或者和别人对话中重要的部分，需要突出的是"重要度"。于是我用 3 种尺寸不同的便签来记录。而在补充工作日程笔记或者写 To do list 的时候，需要突出的是"紧急度"，我用 3 种颜色不同的便签来记录。我很推荐这个做法，客户们也对此赞不绝口。

●大 重要度最高的事项（注意事项 强调事项）

●中 重要度比较高的事项 （要点 关键词）

●小 重要度最低的事项 （补充说明）

●红色系 紧急度最高

●黄色系 紧急度次高

●绿色系 紧急度最低

如果平时没有用便签的习惯，想立刻熟练使用 6 种便签也不是简单的事情。所以一开始先试着分类较少种类的事项作为练习吧。

还有不要忘了，一定要以"My 基准"作为判断的标准，只要沿着上面的方法实际使用，就可以创造出更好的工作环境。

等慢慢熟悉了之后，再慢慢增加便签的数量就好了。

但是注意，如果用了太多种类不同的便签，那么会因为种类过多变得不好整理，还会出现容易弄丢等问题，这样一来就是本末倒置了。

说到底，整理信息中最重要的是保证简单高效。

最近市面上也有了可以让很多便签贴在上面方便拿着走的便签本和透明的便签，使用上也更加方便了。

用你本人最方便的"My 基准"来写便签吧。

用笔记+便签的方法灵活使用信息

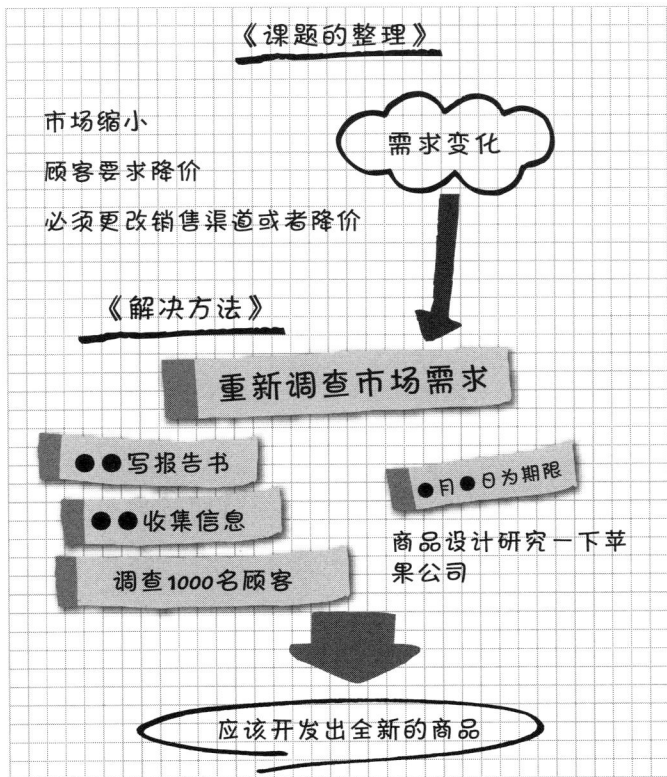

《课题的整理》

市场缩小

顾客要求降价

必须更改销售渠道或者降价

需求变化

《解决方法》

重新调查市场需求

●●写报告书

●●收集信息

调查1000名顾客

●月●日为期限

商品设计研究一下苹果公司

应该开发出全新的商品

6

透明文件夹是你的第二大脑

只准备眼下需要的资料就行

我在平常的工作中总带着大概 5 个透明文件夹。

其中 3 个是当日咨询或培训上要用的，一个是我从感兴趣的报纸或杂志上剪下来的参考资料，最后一个是公司关联的事务类文件。

我会按照当日工作的顺序，把资料整理好放进包里。这样等我打开包的时候，就能立刻找到我要用的资料。

当然，重要程度我也用颜色加以区分了。做法和用便签是一样的。

我把当天最重要的文件装在红色文件夹里，第二重要的用黄色文件夹，可以从容整理的业务资料用无色透明的文件夹整理。用不同的颜色加以区分能够在视觉上让大脑认识不同工作的重要性。

因为工作的关系，我习惯把商业文章从报纸或者杂志上剪下来随身携带（为了能在通勤路上阅读）。我一般会找 20 个左右我感兴趣的题目，所以我准备了 20 个文件夹进行收纳，在整理的过程中也正好整理了我的大脑。

每天不同的信息都在更新，所以我每个月都详细检查一次我的文件，把需要的部分扫描进电脑，或者收在文件夹里面。

熟练使用透明文件夹整理信息，能让每天在工作开始前到完成后，都能把握每日的工作流程，它简直是你的第二个大脑。

文件夹代替了大脑来帮你划分信息。

比如现在需要准备 A 公司的资料，那么你把 A 公司的资料放进文件夹里就相当于在大脑内输入了 A 公司的资料。等 A 公司的工作完成后，只要处理掉没有用的资料就好，也相当于在你的记忆里删除了相应的信息。相反如果需要增加文件资料的情况，也相当于在你的大脑里再次输入了相应的资料。

虽然有人会觉得分得太细很麻烦，但实际上准备的过程也只用大概 1 分钟。

只要用 1 分钟的时间，不但整理了必要的信息，而且还能减轻工作需要的记忆量（突然忘了的时候，也能立刻看文件夹里的信息），实在是一举多得。

只不过在文件夹的管理上，一定要上心。

按照目的准备相应颜色和数量的文件夹以分别使用

将大脑里的信息整理
在不同的文件夹内。

白

黄

红

White Folder

Yellow Folder

Red Folder

等有空的时候再整
理的文件、参考
资料

需要早些处理或重
要的资料

最紧急需要处理的
资料

7 等建好文件夹再收集信息

电脑也是一样，只要按照规则来整理，也能让大脑清晰。

你的电脑桌面上，现在是什么样的情况呢？是不是整个桌面充斥着文件与文件夹？

近来，越来越多的人喜欢把纸质媒体上的信息扫描进电脑里保存。毕竟书本还是很占地方的，我很明白把文件放进电脑里保存的方便性。

不过我是不会立刻把需要的信息都扫描进电脑里的，而是剪下来再随身携带，只把我一定要留下来的部分扫描进电脑保存。为了节约整理电脑里文件夹的时间，我在工

作中合用透明文件夹和电脑的文件夹。

我知道很多人也只是单纯地查找出资料，之后就放在那里不管了。真正到了要用资料的时候电脑里却是一团乱，找出要用的文件也还需要再花费时间。已经花费时间去收集资料了，不如干脆做得彻底一些，整理好全部的文件，之后也用得方便。

首先，不是"总而言之先保存下来"而是"专门设定一个时间来保存。"

先把文件夹分门别类地建好，然后再收集资料，按照类别归类。

整理信息，不是在收集之后再整理，而是在收集之前。

这个时候的整理也不要忘记按照"My 基准"来整理。

文件夹管理的规则，主要有以下三点：

1. 按照主题分类文件夹

比如"营业会议的记录""面向 A 公司的建议书""智能手机的市场数据"等，按照工作的主题来建立文件夹。有人是按照使用软件的不同来分类的（比如 Word 或是 Excel），但在需要使用的时候很难找，而且工作时间的文件没有了关联，所以最好不要这样分类。

2. 文件夹最多套两层

举个例子，就假如我们要从"营业"文件夹里找到"广告赠品"的文件夹。

首先打开"营业"文件夹（第一层），其次打开"计划"文件夹（第二层），最后打开"广告赠品"文件夹，这样整个流程只需要点三次鼠标就可以。

但如果分得太细，就会需要点四五次甚至更多才能找到需要的文件，降低了工作的效率。

3.会议记录等定期产生的文件,需要按照"主题"和"时间轴"来分类

定期产生的文件有着庞大的数量。为此需要在第一层文件夹按照主题,第二层文件夹按照年、月的时间顺序分类。每个月都需要保存数次的文件,也可以加上周、日的分类来保存。

这样一来,如果想要看去年4月的营业会议记录,也一下就可以找到。

只要遵守上面的规则,从文件夹的起名方式到文件夹的数量都统一管理,就可以避免工作中错误的发生。

另外,只要记住"My基准"的分类,那么也不用记住资料的全部细节,还可以对大脑进行整理。

建立"忘了也没关系"的环境,让大脑处于轻松的状态。

8

让看到的知识牢牢记住的读书法

商务人士的读书法

《读书要收纳在一本笔记里》的作者奥野信之在他的书里写道，"就算读了几十、几百本书，如果什么都记不住的话，也就等于没读。人们不该追求读得快、读得多。而是应该把精力放在每一本书上，让大脑牢牢地记住。"

我也是这么认为的。

书中的内容要如何与自己的行为相结合？这是商务人士应该知道的读书方法。

　　读书的精彩之处有很多，比如能学习到新的知识，体会各种不同的世界观，给予内心营养，让自己从不同的角度观察事物等。

　　但大多数的人并不能将书中知道的知识运用到自己的行动中。将书中的知识和自己的行动相结合时，写读书笔记是一个很好的方式。

　　说是写读书笔记，也并不是让你写感想或者概括大意。

　　重点是在看书时要留心那些可以影响自己行为，以及能起到作用的知识，然后记录在一本笔记里，整理归纳，这样一来大脑也能得到整理。

读书笔记的写法

　　接下来我来向大家介绍读书笔记的写法。

　　读书笔记用任何笔记本都可以，在 2 元店买的也可以。因为不需要写得好看，这点和便利贴是一样的。

1. 遇到认为能够帮助人生或者工作的部分，先用线画下来，之后随机写在本子上

这时需要注意，并不是要考虑"这部分是不是重点"，而是需要注意"这句话自己是否认同。"

这不是语文考试，所以不需要在意别人的想法，只需要从自己的视角来考虑。

之后写下你的想法，不管你想模仿这一做法也好，想要作为参考也好，想要成为这样的人也好，都可以写下来。

没有必要一字一句地原文摘抄，只需要写下关键词或者重点，你在之后看笔记的时候能想起来当时的想法就好。

2. 在写下的笔记中选出三个能用在日常的工作或者对人生有帮助的部分

书读完了之后先自己看一遍笔记，然后选出自己觉得特别重要的三个部分。

有可能你在看完了一本书后觉得有几十个点

都可以帮助到你，但是在生活中不可能将几十个点全部进行运用。所以先从能做到的部分开始吧。

其实，如果能选出一个最重要的点是最好的。

3. 思考如何在生活中运用这三个部分，然后写下来

这不仅是为了加深对书中内容的理解，更是为了让自己思考如何将想法运用于现实。思考和记录不仅是让自己理解在阅读时学到的知识，更能让知识成为现实。

剩下的就是实践了，一定要在日常的工作中活用起来。

写读书笔记，能让自己加深理解书中内容的知识，还能让知识运用到日常的生活中。

正可谓是一石两鸟。

9

写自己的秘密博客

让博客帮助你整理信息

虽然问得有些突然，不过你有写博客的习惯吗？

我自己已经写了差不多6年的博客了，深刻地体会到了博客对我的帮助。

写博客也是整理大脑的手段之一。

大家都知道，写博客的时候只要做好大纲，就可以自动对写的内容进行分类。

这套系统作为整理的工具，也是非常的好用。

假设你从开发部调到市场部，你不得不重新学习关于市场营销的

知识，学习的办法有很多：上市场营销的课程、读专业的书籍、或者让前辈教你，但是要每天都记住学到的东西，想必不是什么容易的事情。那么此时，就可以活用博客来进行整理了。

写自己的秘密博客，每天都将学到的知识记录下来。这样一来之后想搜索关键词也很简单。况且你可以设为仅供自己阅读，博客里想写什么就写什么。我真的很推荐这种方法。

写博客最重要的是排版

在写博客之前，最需要注意的是一开始的排版。首先把学习项目设为选项，假设你要记录市场营销的知识，可以在选项里设定"市场分析的方法""推广计划""商业模型"等项目。接下来只要在每次写完博客的时候，分类进具体的项目里即可，这样一来你的博客就能被自动分类，之后想复习也很容易找。

写博客没有必要写得太长，尽量控制在 200 字以内。精简概括的过程也是对思维的一次整理。

博客不仅可以作为学习笔记来用，更可以作为读书笔记或者用来评论新闻时的记录使用。

我的客户 M 的博客，就设定了以下几个项目："经营专业词汇的解读""市场、企业分析""决议表明""每天给自己打气""工作上的反省与改善""视察报告""读书感想"等，也摘抄文章作为报告使用。

博客只需要设置一次，之后的使用就很方便了。每天晚上花上 1 分钟的时间，回想今天发生的事情，写自己的秘密博客。每天接收的信息量并不小，每日对大脑进行整理可以说是终极的整理法。

第 **4** 章

让思考加速的
对话整理法

1

对话需要直奔主题

只要在如何正确传达意思上面下功夫即可

如果你的大脑是一团乱麻的状态，那么就算你在和别人说话，别人也不会明白的。所以想要让别人理解你的话，首先需要对大脑进行一次整理。

不过很多人会说，我在整理的时间无法发言是不行的。但其实是

只要下功夫对对话进行整理，自然也就整理了自己的大脑。

此外，随着对大脑进行整理，思考的速度也自然会变快。在本章我会教大家"整理大脑，让大脑的思考速度变快的会话方式。"

从整体开始对话

说话不容易让人明白的人，有一个很明显的特征：喜欢一开始突然从细节开始说。

对话本身其实是为了让对方明白的，但是有的人喜欢从自己在意的地方开始说。如果为了要让别人明白自己接下来对话的意思，那么首先需要给对方创造一个框架，让别人明白你说话的含义，如果开始对话的人不注意这一细节，那么对方不会明白你到底要说什么，并且还容易让对方的思维发生混乱。

而给对方创造框架是为了让对方明白接下来你要对什么事物进行谈论。为此对话要从整体开始。

比如说，我最近和朋友见面发生的事情。

我的朋友突然问我："青山的居酒屋 A 和法式餐厅的 B，哪家比较好啊？"

我愣神了一下，想到说因为我经常组织公司的聚餐，所以他一定是在找适合公司聚会的地方，所以我说："对我而言，居酒屋的 A 比较好，全部都是包厢的。"

之后我才知道，他找的是给女朋友庆祝生日的餐厅，于是我又给了他新的建议。但是如果我之后不知道这点的话，就真的给了他不好的建议了。

如果他一开始就说："我女朋友要过生日了，我不知道哪家餐厅适合庆祝。"我就能一开始就给他正确的建议了。

也就是说，对话的根本是："女朋友庆生的餐厅（目的）"，而"居酒屋 A"和"法式餐厅 B"只是选项（手段）。

在写报告的时候，也可以活用这一技巧。

在写企业报告或者计划书这种需要将意思通过文章来传达的文件时也一样。

不要一开始就突然地详细写细枝末节，而是先在文头部分给主旨留下地方，让对方先对文章的概况有大概的把握。而主旨也只需要让人明白接下来文章的继续和流程即可，所以只用写大概一页就可以。

写主旨的过程，能让你自己整理一次大脑，让后续的文章写得更有条理。

而无论是与人交谈还是写文章，都要遵循着先说主旨、让对方理解接下来对话的概要、之后再慢慢补充细节的这一原则。

有些人会觉得，应该直接让对方明白话的核心。但其实越是重要的对话，越应该思考要怎么说让对方能更容易明白，在写或者说之前，先花上 1 分钟的时间思考和归纳一下吧。

2

用KISS法则让事情更简单

让KISS法则来整理大脑

你知道"KISS"法则吗？

其实就是 Keep It Simple, Stupid 的首字母缩写，翻译过来的意思就是"简单点，笨蛋。"这绝对不是在骂人，而是强调"尽量维持简单的结构，让事情容易理解。"这句话在互联网公司和 IT 业界使用的很多。因为互联网公司的构成本身就很复杂，用户找不到自己想要的信息也是很常见的事情。这个时候大家就更会强调保持简单结构的重要性了。

对方拼了命地说了很多话，但是你没有一句记住的，和对方虽然说地简单，但自己却印象深刻，你认为哪种体验会更好？

所以，KISS 法则，在对话的情况下也是通用的。

比起说 100 句话，只用 1 句就能清楚表达意思时不仅能让人更好理解，且印象深刻。

用 KISS 法则让对话变得简单易懂吧！

简单的对话是指：

简单的对话通常有以下 3 个关键：

1. 简而言之要精简和简单

说的话如果太长，不仅非常花时间，还容易让人找不到重点。

听你说话的人也容易疲惫，而且因为过大的信息量也容易让听你说话的人大脑混乱，这样一来效率也会大打折扣。

2. 每个文章要写得短

文章写得短，有关联性和层次能让人容易理解。

3. 把想说的话归纳为一点

只要让对方理解到"你真正想说的事情"就可以，这样对方也能认识到你想告诉他的是什么。

在社交媒体上练习

突然要精简对话是不容易的事情，很多人没办法忽然改掉自己的习惯。所以需要一个简单的练习过程。

在这里，我很推荐用网络上的社交媒体进行练习。

社交媒体，包括各种通过网络就可以和别人沟通的方式。

首先从写开始：

比如规定自己每次最多只能写 140 个字，特别适合练习 KISS 法则中所说到的"尽量写得简单"的要求。试试每天努力写 1 条（时间允许的话可以写更多）吧。

主题不拘，从每天的感受、到读书的感想、好吃的店、在意的新闻等都可以。也可以让朋友看看你写的文章是不是精简，容易理解，让朋友纠正你。

如果可以的话，最好养成每日都写的习惯，熟练使用 KISS 法则的习惯。

此外，在写博客的时候尽量把文章控制在 200 字左右。

每次在对话前，记得在心里想一下自己的话是不是够精简，对方是否好理解。

3

永远记住结论是第一位的

先说结论，理由和过程之后再说。

在之前的内容里，我已经告诉了大家在对话时，先说作为"树干"的主旨部分，让对方对话题有一个框架。那么在生活中遇到很忙的情况，没有时间说具体内容的时候该怎么办？

在短时间的对话里，永远记住"结论是第一位的，理由是第二位的。"这条铁律。

"我认为×××，因为×××。"就像这样，首先阐述结论。

如果结论放在最后才说，那么无论有多忙，对方都不得不把你说

的话听到最后。但是如果一开始就先说出结论，那么在忙碌的时候就可以知道对话需要到什么程度，这样能够节省双方的时间，并且降低双方的心理负担。举个例子：

A：（结论）"我认为比起开拓新客户，现在更需要注意维护老顾客。"

（理由）"因为现在的经济萎靡，越来越多的人都必须精打细算地过日子。能预见的新客户，要比去年减少大约三成。"

如果把结构倒转以下，就是这样：

B：（理由）"因为现在的经济萎靡，越来越多的人都必须精打细算地过日子。能预见的新客户，要比去年减少大约三成。"

（结论）"所以我认为比起开拓新客户，现在更需要注意维护老顾客。"

A 和 B 哪种模式能给你留下比较深刻的印象呢？

先听结论，不仅能一瞬间就把握对话的大概轮廓，之后再慢慢地接纳理由就可以，也没有谁能够做到一边听词语，一边就能理解对话的意思吧。

尝试改变文章的起承转合

起承转合结构是写文章的基本原则之一，首先是绪论，其次是本论开始展开，加以写作的变化，最后用结论来讲述的结构。

这样的结构在论文等需要认真阅读的时候是非常优秀的，但是在商务场合上面却不一定适用。无论是在写文件上，还是在写报告、联络、洽谈上，改变文章结构（起承转合）能在商务场合上更加方便对方的理解。

而在准备公司的演讲会或者计划书等，需要将自己的想法传达给其他人的情况下，即使在时间充分的情况下，先发表结论也是更加有效果的。

比如，在演讲或是小组等需要用到 PPT 一边演示一边发言的时候，在每一页 PPT 的最前头用一行字写清该页内容的结论，就可以让听演讲的人更加有头绪，理解文章的内容。

另外，在传达想传达的内容时，不要直接说内容，而是将"传达的方式"作为结论加以运用，是最有效的方式。

比如，"我现在说三个能增加销售的方式"。

首先说结果。

听到这句话的人的大脑，立刻就有了三个框架来准备理解接下来的话，在之后听演讲的时候也不会出现大脑混乱的状态。并且作为发言人的你也自然地了解到之后的发言可以分为三个方向来说。

在对话之中最重要的点是

并不只是先说出结论而已，而是要让听你说话的人对结论是什么产生兴趣。

发言人在意识到这一点时，就可以把要传达的要点和重点进行整理。

有时，只是一句话，甚至不到 1 分钟的发言，就可以大幅改变对话的深入度。

4

养成"用一句话来概括"的习惯

用一句话来概括的可怕之处

前文介绍了在对话时的三个避免思维混乱的重点：

①从整体开始说。

②尽量说得简单。

③先说结论。

现在，我开始说第四个重点。

那就是，无论什么都尽量概括成"一句话"。

通过把你想说的大量的信息概括成一句话来传达的方法，使语言尽量简约，让听你说话的对方在接受信息时的大脑不发生混乱，仅用一句话就可以让对方理解意思，是终极的会话术。

用一句话来表达最重要的部分所产生的冲击感，能给对方留下深刻的印象。

比起铺陈了大量的信息后再传达结局，将所有的没用的部分全部清除，只留下超级精简的、最重要的部分，更能给对方惊喜感和深刻的印象。

以前，AKB48 的制作人、放送作家、作词家，拥有多种不同的才能活跃在业界的秋元康在接受电视节目的采访时曾说道：

"没有给我留下印象的幕之内便当，但是有给我留下印象的鳗鱼便当。"

也就是说，像幕之内便当这种里面放有很多菜式的便当，就算很好吃也很难给人留下深刻的印象。但是像鳗鱼便当这种只有鳗鱼这一道菜的便当，能够给人留下深刻鲜明的印象和冲击力，也更容易让人记住。

选择一个最能给人留下深刻印象的素材，是企划的真正要点。

养成用一句话概括的习惯

用一句话来描述概括，如果不是专业的撰稿人是非常难做到的。

实际上，能用20~30字的简单短文进行概括，也要比平时的冗长说明让人简单易懂，还更能给人留下深刻的印象。

在总结成一句话的时候，把想要传达的事情的"中心轴"和"概要"以及"结论"的部分概括下来是最有效的。

苹果公司的创始人史蒂夫·乔布斯，在 iPod 发布的时候，就用了一句话来进行概括：

"把 1000 首歌装进口袋里。"

把大容量的特征用一句话进行概括后进行了简单的发表。

在发布 iPhone 的时候，他说：

"我重新发明了电话。"

"重新发明"这句话，包含了这件商品有新的发现和创新的含义。

此外还有三得利的天然水的标签上，写着：

"南阿尔卑斯山脉的雪化了的味道。"

我没有尝过南阿尔卑斯山脉的雪的味道，但是我小的时候曾经咀嚼过雪，所以脑海中勾起了相似的感觉。

描述水的味道自然是非常困难的，但是这句话绝妙地传达了水的风味。

像这样，用一句话表达意思的方式，能够给听的人留下深刻的印象。

一句话的力量很大。

这句话没有必要说得很漂亮（上面的例子都是专业的），只需要思考如何将最重要的点概括成一句话就可以。

而如何能够有效地用一句话来概括，有相应的诀窍。

每天，在和人沟通的时候记住说："那么重点是……"

然后，在脑海中先将事情进行一次整理（整理成一句话），然后再说。

在内容复杂，对话长的时候非常好用。

在与对方说话之前，先在脑海中思考："如果只能用一句话概括？"只要能找到这句话，就可以让对话变得简约，也不必用其他的任何词汇进行修饰了。

只要养成了将对话进行精简的习惯，自然就能在之后变得可以用一句话来概括了。

用一句话来传达的方法，不仅能让对方直接明白你的意思，还能让自己清楚得明白事情最重要的部分是什么，同时也能整理自己的思绪。

养成用一句话来概括的习惯吧

《初代iPod的特长》

只有已发售的硬盘播放器的两成大。

可以在5GB的超薄型硬盘内存入最多1000首的CD品质音乐。

具有防卡顿功能，可以在跑步、骑自行车时播放音乐。

内置可反复充电的锂电池，最长可以连续播放10小时音乐。

......

初代iPod发布时的官方说明（摘自官网）

最重要的

用一句话概括就是

"把1000首歌装进口袋里。"

149

5

计划书只需要写一页

写容易让对方看懂的东西

我们向对方传达信息时，很多时候是借助计划书等书面文件。但是在绝大多数情况下，阅读计划书的人却很少有时间可以看完所有的内容。

如果非常努力地写了很漂亮的文件，但是读的人却没有时间看完，不如尽量在短的文章里，将事情的重点进行概括和总结，这样对双方都是更有效率的做法。

所以，耐心地听我说：

计划书只需要写一页就足够了。

整理为一页纸其实不是什么难事，只需要抓住最关键的部分写下

来就足够了。而补充的其他部分，只需要在被问到的时候进行解答就可以。

换言之，最重要的部分，也就是你现在写下来的部分。在写计划书的时候，最重要的部分可以概括为"2W1H"

● Why= 为什么要做这个计划？（目的是什么？）
● What= 你想做什么？（价值是什么？）
● How= 你要怎么样实现？（方法是什么？）

Why= 在进行详细的内容解说前，先在对方的大脑中建立好框架。

What= 不只是写想做的事情，更要写所做事情的意义。在写的时候要注意凸显方案的效果，不然是无法将计划的价值传递给对方的。

How= 要注意紧贴最重要的点写。比如在介绍新产品的方案时，没有必要再继续写关于如何销售等的细节部分。

在一页的篇幅里分别写清关键的2W1H这三点，且只记录最重要的部分。目的是让对方在一分钟的时间里，可以准确明白文章的内容。

在整理文章时，也是对自己的大脑进行一次整理，所以计划书写一页就足够了。

6 用一分钟就可以得出结果的谈判法

谈判从一本笔记本开始

在进行工作谈判之前，你一般都会做些什么准备呢？

谈判和单纯的演讲不同，是真正一决胜负的地方。

因此，需要准备的也不仅是从自己视角出发的方案推广，如果不能让对方看到这一方案的优势和好处，是不可能成功的。

事前充分准备这一方案的优势，向对方展示可以大幅增加成功率。

我推荐的做法是，在谈判开始之前将必要的条件整理在一张纸上。

在商谈会议的过程中写笔记的人不少，但是在谈判前写笔记的人却不多。而在谈判之前先将重点全部整理好，在被问到的时候也可以更及时地回答对方。

要准备的内容，基本是下面三个部分：

1. 第一希望条件

比如说，"出售价格绝对不低于一万日元"等，需要最优先进行讨论的，或者不能让步的底线作为第一条。

2. 代替方案

比如"平时都是采购几百个，但是如果一次采购上千个的话，价格也可以让到一万日元以下"等，对方过于执着的想要突破第一希望条件时，谈判很有可能陷入胶着或者谈判决裂的地步。因此需要准备好让对方看到好处，且自己可以接受的代替方案。

3. 最后的手段

在第一方案与代替方案都无法接受的情况下，换言之也就是在最差的状态下所使用的最后手段。比如对方说"如果谈判决裂的话，就停止交易"的时候，可以回答"等我们三天吧，我让公司的董事也一起来"等。

在会议开始之前，先整理好上面所说的三个部分的内容。整理的过程，也是对脑海里的谈判条件又进行了一次整理。

无论谈判的经验多么丰富，也会在谈判时遇到不曾预想到的人或问题。这时，是否有准备对现场的发挥结果会造成很大的影响。

因此，事前对自己没有遇到过的条件与情况进行预想，对论点进行整理（在脑中整理），是非常重要的，一定要采用。

之后，在谈判前对整理好的文件要阅读，对论点也要在大脑中事先进行整理。因为已经进行了事先准备，所以一分钟的时间都花不上。如果有想到的关键词，也要及时写下来。仅仅是这样的一次复习，也能大幅度提升谈判的质量。

整理谈判条件的三个要点

之前准备好谈判的条件并且记录下来，可
以让谈判的过程更加流畅。

第一希望

出售价格绝对不低于一万日元

代替方案

比如"平时都是采购几百个，但是如果一次采购
上千个的话，价格也可以让到一万日元以下"。

最后的手段

对方说"如果谈判决裂的话，就停止交易"的
时候，可以回答"等我们三天吧，我让公司的
董事也一起来"等。

7

只和1个人交换名片

为什么要发名片呢

你在参加跨行业交流会，或者工作联谊会的时候，一般会给多少个人发名片呢？

我一般控制在 3 人以下。

其中，在参加过的会议中，交换过名片的八成也只有 1 个人。

毕竟要和所有参加会议的人打招呼，交换名片和对话在客观上也是非常困难的。而且就算一口气和 10 人以上的陌生人打招呼，也没办法一下子记住他们，之后也就很难再进行联络了。

很多人会想，难得有机会可以和认识新人、交换名片。但是在有限的时间中，选择和谁交换名片，是一件更困难的事。

在交流会或是派对上，有很多目的不同的人在场，需要明确参加会议的目的，以此筛选出1个人来交换名片。

在参加前，先想想你参加的目的是什么？想认识什么样的人？

无论是"想要认识名人或者主办人，知道联系方式也可以"或者是"想要认识某些领域的专家，增强自己的见识"都可以。总之，带着自己的目的参加聚会可以有效避免时间的浪费以及认识没有帮助的人。

如果你有认识的人多次参加过会议，可以请他在之前说明一下会认识什么样的人，如果有符合自己目的的人出现，也可以让朋友帮忙引荐。有了朋友的引荐，不仅可以增强双方的信任感，也可以维持更可靠的信赖关系。

在没有认识的人的情况下，可以先和旁边的人打个招呼。按照人类的心理活动的规律来说，旁边的人更能给你亲切感。

在身边没有合适的人的时候，那么就找找看有没有正在因为找不到适合交换名片而发愁的人。如果有的话就和他搭话看看吧，因为他也有很高的可能正在找合适的人呢，这时如果主动和他搭话，更有可能发展成快乐的深度会话。

无论哪种情况，最终和你交换名片的都可能不只是一个人。不过为了解除紧张的情绪，还是先找到一个人交换名片吧。这样在之后就可以以轻松的心态寻找新的人说话了。

交流会上的技巧

在有限的时间里认识很多新面孔，是无论如何都记不住全部人的，当然这对对方来说也一样。

在这个时候，如果想要进行一场可以给对方留下深刻印象的对话，那么请遵从以下两个要点：

①在自我介绍时用"我是……"一句话来概括自己的特点。

②自己的发言占三分之一，剩下的三分之二倾听别人。

倾听别人不仅可以让自己判断出此人是否值得继续交往，也可以让他人对你有"会听别人说话、容易交流"的好印象。

所谓的人脉就是在困难时可以互相帮助，在遇到困难时可以想到你的人际关系。

所以，在和陌生的多数人见面的时候，不需要和很多的人打招呼，而是首先选出谁是你需要的，这样才可以帮你建立更可靠的人脉关系。

8

正大光明地
借助别人的帮助

客观地审视自己

你有没有在和别人会话的过程中，感受到了大脑被整理过了的经验呢？

在一个人无法整理自己大脑的情况下，可以听从他人的指点或是想法，帮助自己来整理自己的大脑，有的事情是旁观者清的。

在你一筹莫展的时候，借助他人的力量有时可以解决问题。

不要觉得找别人谈话，或者接受别人的帮助是一件不好的事情。

在你想要客观地审视自己、需要冷静的建议时，就光明正大地借助别人的力量吧。

慎重地选择谈话对象

虽然和谈话的内容也有关系，但是如果你的目的是整理大脑的话，就没有必要一定要找那些以给别人建议为职业的人，比如说顾问、教练等。找他们谈话基本是要花钱的。

如果有熟人是做类似的工作，那么找他们免费咨询的话，对方也是会介意的。这个时候应该找以下的人：

①理解自己性格、思考方式或是近况的人。

如果是理解自己的人给出的建议，一般都可以做到有始有终。但是如果是不理解自己的人，反而只会让自己混乱、不安，让自己更加迷茫。

②比自己更年长、在更高的职位的同事，比自己更有经验和能力的人。

这些人的见识比自己更加广泛，可以从更高的角度审视问题。因此更能够给你提供确切的建议或是更重要的观点。

③擅于提问的人。

有时，理解你处境的人或者人生经验更加丰富的人，更有着强加自己的价值观给你的倾向。和这样的人交谈虽然可以增加自己的见识和知识，但未必可以帮助你"整理大脑"。

于是那些擅长提问的人，可以通过提问帮助你整理大脑中一团乱麻的人，是很合适你的。在回答问题的过程中，可以看到问题的本质和自己真正的想法。如果有人可以让你看到问题的本质，让你审视自己的真心，那么就拜托他帮忙吧。

有的时候个人的见解也难免出现偏差，所以在找人谈话时，如果可以的话，和三个人进行交谈是最理想的。

只要是人都会遇到令人烦恼的判断和让自己头脑混乱的问题。不要一个人烦恼，找个人来帮助你吧。

第**5**章

让思维清晰的
心灵整理法

1

如果心里面乱糟糟，大脑也会变得一团乱

内心和思维是相联系的

如果你尝试过很多办法都没有整理清楚自己的思维，那么你就要想想看自己的心里面是不是也是一团乱麻了。

如果你的心里面乱糟糟，思维也会被影响。

俗话说"病打心上起"，情绪的好坏会影响整个身体。整理思维也是一样，心情的好坏会带来不小的影响。

而为了整理大脑，要先学会怎么整理心情。

保持平常心

　　最近市面上新出了不少关于如何提高动力的书籍和讲座。但是，如果一味追求如何提高工作的动力，有时反而会带来反作用。越是强迫自己拿出工作的动力，越容易让自己无法承受，反而让心情跌落谷底。并且反复的情绪波动，也容易让自己的情绪不稳定，同时影响到自己的大脑。

　　而让内心保持安定、健康的状态，并不一定需要充满干劲，重要的是

"维持平常心。"

　　曾经，有一位我很尊敬的董事长对我说："我还是无法放心地把工作交给那些过于有干劲的人，毕竟我不知道他们的干劲可以维持多久。有的人今天还很有动力，但是明天就完全没有了干劲，那种突然想辞职的人我也见过不少了。所以越是重要的工作，我越要交给那些情绪稳定、不骄不躁的员工才能放心。"

工作中缺少了热情自然是不可以的，在遇到困难时如果没有动力，很多难关也是无法克服的。但是只有一腔热忱自然也是不够的。越是面对重要的工作，越要保持冷静，不要只考虑眼前，而是更加深远地思考公司和自己的未来，做出最好的判断。

商务活动中最不可或缺的就是冷静。

不要失去动力，能维持住平常心的人，才是擅长工作的人。任何商业工作都是以完成工作为前提的，结果决定成败。

如果你去请教那些成功的人，他们会告诉你："成功是因为我把工作做到了最后，如果一有失败就放弃而不坚持下去，自然只能是失败了。"

在反复尝试努力的过程中，如果你的情绪来回跌宕起伏，无法以平常心面对工作。很容易中途就放弃了，可是如果能保持平常心，冷静地处理和判断工作，就能够坚持到最后，完成自己的工作。

重要的不是"想办法提升干劲"，而是如何"不失去动力"。

此外，想要一直保持平常心，从一开始就给自己营造出不失去动力的环境会更容易。

按照计划来开解自己的内心，对自己的内心进行维护，是保持日常不失去对工作的动力、维持面对难题的精神的方法。

不仅如此，建立计划来开解自己的内心，还能让自己不受自己的感情左右，可以专注精力奔向成功的终点。

在本章，我会详细地介绍这一计划，如果觉得对自己的生活有帮助，请尽情地尝试看看，制订一份保持自己心态的计划吧。

2

每天早上花一分钟读励志的句子

在清晨给自己内心养分

保持平常心需要整理内心凌乱的思绪，此时需要的是：

阅读能够整理自己内心的文章或者话语。

如此一来，便可以给予自己内心养分，预防突然的情绪低落。

每天早上，在空气最清澈的时候，看看那些能够给予自己内心勇气、让自己有向前的动力的文章吧。在接触那些让自己内心疲惫、让自己心态糟糕的事情的时候，也能及时调整回正常的心态。

　　而从话语中获得养分的做法，是我在做基层员工时前辈教给我的。

　　我对他能够一直维持平常心去面对工作中困难的好心态十分敬佩与感动，于是我请教他说："为什么你无论在面对多么困难的工作时，都可以保持平常心呢？"

　　"当然了，每天都有情绪好的时候和不好的时候。但是我为了不让自己的情绪低沉，我每天早上都读一读自己喜欢的文章，再上班。这样就可以忘记昨天的烦恼，在遭遇困难的时候想想可以给自己打气的话，也能撑过去。"

　　说着，他给我看了一个笔记本。上面写满了名人名言，用他娟秀的笔迹摘抄了下来。

　　听了他的建议之后，我每次遇到那些能让我提起干劲或是让我的内心安静下来的句子，我就把它们赶紧抄下来，在每天早上出门上班前读一读。此外，我把摘抄句子的纸也随身携带，遇到顾客投诉，或是遇到棘手的工作时，也拿出来看看，不让自己的情绪受到太大的影响。

　　171 页写的都是我每天早上会看的话语。我每次读的时候，都能让我打起精神，进入工作状态，有时更能给我工作的勇气。对我而言，这是不可或缺的存在。

抄写让你打起精神的名人语录吧

不管是什么样的文章或者语句都可以。运动员、历史上的名人、企业家或者是尊敬的前辈、双亲说的都可以。关键是要找到那些让你内心一震，非常感动的话。用容易阅读的方式总结下来吧。

也并不一定要做成笔记，把杂志或者报纸上的句子剪下来贴在墙上、做成卡片、收藏在文件夹里等都是可以的。

因为都是写给自己看的，所以只需要选出那些你自己喜欢、觉得好的就可以。没有必要去选那些看上去非常励志的话，只需要让自己保持平常心，能够让自己的内心得到整理的话就可以。方式也不仅限于文字，只要能让自己保持平常心，视频也可以。也可以把手机的壁纸设为给自己打气的图。

　　每天看可以整理自己心灵的语言，是保持平常心的好方法。

　　每天早上花一分钟的时间阅读，就可以让心灵保持干净，让自己更有精力。

> 忧虑和悲伤是提出新事物的转机
> ——松下幸之助
>
> 一个充满了勇气的动作可以改变一切，拿出赌上一切的勇气吧。
> ——前辈
>
> 自己一天的懒惰是日本一天的落后。
> ——NHK 电视剧《阪之上的云》里秋山真之
>
> 马上做！一定要做！直到成为现实！
> ——日本电器创业者　永守重信
>
> 只有不断地努力，才能击倒所有的抵抗势力，清楚所有的障碍。
> ——作者不详
>
> 维持现状就是淘汰
> ——爸爸
>
> 不要太拼命了，用最真实的状态努力加油吧。
> ——妈妈

3

审视内心的播放列表

你有什么办法让自己的内心"重新播放"呢

在你的心情沉到谷底的时候，你会怎么办呢？

找好朋友聊天？去喝酒？一个人静静？或者锻炼身体，让自己的坏情绪停下来？每个人都有不同的对策。

而我在没有动力的时候，会看给自己打气的书。让自己恢复动力，获得干劲，争取明天让自己回到充满精力的工作状态。

前几天我心情不好的时候，就随手拿了一本书开始看。

书里面给了我很有趣的建议。

书名是《用一分钟来整理重要的工作》（PHP出版），作者是明治大学的教授斋藤孝老师，他经常说在你心情低落的时候，就创造一份"内心的播放列表"吧

换言之，就是"把可以发散压力的方法做成列表在心情低落时使用。"比如你在心情低落的时候如果喜欢看电影，那么就可以做一个"适合在低落时看的电影 Best5"这样的列表。如果听歌的话，就可以做一份类似"可以带来好心情的歌 Best10"的列表。像这样制作一份整理自己内心的"播放列表"吧。

把列表写在工作手册里，在你感觉到低落的时候可以用一分钟的空闲时间来看看，在短时间里思考出下一步应该怎么行动来整理自己的内心。

看到这里我尝试了一下，效果令我惊讶。

我列出了在低落的时候经常会看的书，听的音乐，看的电影，转换心情的地方，这一过程就很有趣了。

甚至是在内心就快要崩溃的时候，看看这个列表都能感受到内心得到了抚慰。

哪怕不对列表里的内容付出实践，只是看看列表，脑子里都会浮现出正在实践的情景。

在非常忙碌的时候，只是看看这几个列表，就能够让我打起精神来。整理出列表带在身上的话，在稍微有些低落的时候便可以让我打起精神。

"内心再生列表"的做法

不仅仅只是用眼和耳感受的音乐、书籍、电影，其他让身体重获活力的事情也可以写在列表里，比如"在内心低落的时候，想要去健身中心好好锻炼 30 分钟"或者是"想要去那家店吃自己最喜欢的东西"等都可以。

我的列表中写的是"想要在那家热闹的店里吃烤牛背肉。"听着牛肉在烤网上滋滋作响，感受店里热闹的氛围，我就可以奇妙地打起精神来。

不过我不推荐大家喝酒，喝酒虽然可以一时从低落的心情中走出来，但是第二天酒醒了，问题却完全没有得到任何解决。甚至还有可能引起更多其他的问题。

毕竟我们写的是"用来整理内心的播放列表"，所以尽量避免那些无法解决问题的项目。

在你失落的时候，如果可以，最好马上就打开看看，时间控制在一分钟左右最好。

快来写写看吧。

4

离开座位，换个地方工作

换个地方，换个心情

你有没有过这样的体验：在会议室里怎么都无法统一意见，或者想不出好主意的时候，偶尔换一个地方，就可以一口气地统一大家的意见，或者想出很多创意。

或者仅仅是换了个地方工作，就能感受到和平时的状态完全不同，大脑也轻松不少了呢？

在工作无论如何都没办法取得进展的时候，就离开自己的座位换个地方工作吧！

虽然说路程上也许会花费一些时间，但是平均算下来，工作完成的时间会更早。

在换个地方的路上，也能整理一下心情，不觉得很方便嘛?

如果觉得换个地方很麻烦的话，也可以一开始就在别的地方工作。如果平时都习惯在办公室里商谈的话，不如试试在外面的店里谈。

顺带一说，这本书的编辑女士说，她在听别人说事的时候，总是喜欢在咖啡店见面。飘香的咖啡或者红茶、可爱的甜点，还有店里的氛围都能给心灵不同的刺激，这样容易见识到和办公室谈话时完全不同的方向与想法。

改变环境时，心情也会改变。
如果要孕育全新的事物，换个地方是最好的方法之一。

如果你觉得"不是很顺利啊"的时候，就干脆换个地方吧。

在行动的过程中，心情得到了改变，大脑也能从烦恼中跳脱。换了心情，那么想法也会跟着变化。在路上也能让大脑和心得到休息。

有效的行动法

当然了，行动也不是那么简单的。为了提高效率，有几个诀窍。

①在公司内部行动时：

并不只是从工位上离开就可以这么简单。换个地方的目的是为了让工作有所进展，因此如果没有找到最适合工作的环境，那么就算换个地方也没有什么用。

公司内我推荐接待室或者没人用的会议室。事先预约好，一个人堂而皇之地进去就好。一边感受一个人使用和平时完全不同的爽快感与紧张感，一边面对工作吧。

②在公司外行动时（休息日等）：

可以尝试在你喜欢的咖啡馆工作。和在公司不同，可以随身携带的资料非常有限，因此如果要集中精力在一个项目里是再好不过了。旁边人的目光也能让你赶走倦意，清醒一些。在这样的场景下可以带有一些紧张感来推进工作。

如果能区分目的光顾不同的地方，更能推进工作的效率。

想要认真思考的时候，就去安静、令人放松的咖啡馆。想要做杂事的时候，那么稍微吵闹一点的店也无所谓。所以去麦当劳之类的快餐店也无妨。想要整理报告书或者提案书的时候，去有宽大桌子的咖啡馆做吧。这样按照不同的目的光顾不同的店来推进工作的完成。（我每次都有偏好的位置。）

需要注意的是，不是所有的店都适合办公，有一些店可能没有无线网，有一些店可能不能待得太久。所以之前先向工作人员确认好之后，再决定去哪家吧。

也可以把想去的地方写在"内心的整理列表"里，是非常有效果的。"要是没有灵感，立刻就到这里工作"等，事先决定好要去的地方，就能更快地行动。决定行动时看一看列表（1分钟左右），然后行动吧。

有意图地改变工作的环境，也是很有效地内心整理法。

比起在桌子上愁容不展，还不如赶紧行动。

5

整理内心从整理桌子开始

你的桌子现在是什么样子呢

我大学毕业后进入社会，到公司工作，在新人培训时讲师说过："心乱从桌子乱开始。"这句话说得有多么准，是我开始经营咨询公司后才感受到的。

迄今为止我见了很多人。

基本所有的人在心乱的时候，桌子上也是乱的。

换言之就是：

会整理桌子的人自然会整理心情，只要桌子上是干净整洁，内心自然是 OK 的。

如果你觉得进展不顺的时候，就先从桌子开始整理吧。

有人会觉得："就这么简单吗？"是的，就这么简单。

你认为办公桌整齐干净的人和乱七八糟的人，谁更有工作能力呢？我想大部分人都会觉得整齐干净的人更会做事吧。

实际上的情况也基本是这样。

桌子上干净、会整理办公用品和书籍的人，是会整理头脑的人。

相反，如果桌子上一团乱，不会整理清洁的人很容易弄丢重要的文件，无法保证足够的工作空间，用别扭的姿态工作的情况也有不少。看看你周围的人有没有这样的？

这样的人的大脑和内心都是一团乱的。

不管如何学习"过程性知识"，如果没有把握基本是不行的。就像是地基没有打好的大楼一样，不知何时就会倒塌。

而整理桌子，就像是打地基一样的基础工程。是整理思绪的"基本牌"。

让内心清爽的桌子整理法

整理桌上物品的技巧有以下五个：

①放在桌子上的物品保持在 5 个以下

电脑、文件架、电话、笔筒、笔记本等，准备 5 个常用的物品放在桌面上，其他的放在抽屉里或者架子上。

②桌子上的东西放在固定的位置上

把选好的 5 个办公用品放在固定的地方，每次用完了放回去。

③桌子上只留现在正在用的东西

现在不用的东西或者想着有时说不定会用的东西，就放在桌子以外的地方收纳，或者干脆扔掉也好。等要用的时候再拿出来就可以。

④决定好整理桌子的时间，按照时间执行

如果是公司的桌子，一天整理两次，决定好

整理的时间吧。比如午休之前或者临下班之前等都是非常好的时间段。

⑤整理桌子的时间尽量控制在 1 分钟

整理桌子的时间尽量控制在 1 分钟，如果一边开计时器一边收拾，可以感觉是在玩游戏一样，也可以收拾得更快。为了让下次更有趣，可以想一些办法。

养成收拾的习惯是非常重要的。

总之，试着每天都践行这 5 个规则，让大脑得到转换，整理自己的内心。

真的是"整理内心从整理桌子开始"。

6 关键场合穿你的 "胜负装"

你有没有工作时必须穿的 "胜负装" 呢

　　所谓的 "胜负装"，是指你在约会或者聚会等关键场合时穿的，最能突显你个人魅力的一身衣服。那么，也为你的工作准备一身吧。

　　"穿着这身的话，订单就能谈成" "穿着这身的话，演讲就可以顺利进行" 等，让自己觉得有可以顺利成功的感觉，这样也可以让自己打气提神，积极面对工作。

　　实际上衣服的种类虽然与工作的成果没有什么关系，但是在关键时刻为了可以给自己加油打气，让自己整理心情也是非常有用的，自

我暗示会有好结果，也会让自己更有精神。找到自己喜欢的那一身吧。

此外，准备一身转运的"幸运装"也是一个办法。在情绪低落、没有干劲的时候刻意穿着和平时不一样的衣服以求转运也是一个办法。

"在商谈的时候感觉穿黄色的会比较好，系那条黄色的领带去吧。""最近心情不是太好，把自己幸运色的口袋巾放在上衣口袋吧。"也可以像这样，按照不同的情况准备小道具让自己转运。

"胜负装"，就是心灵的开关

日本电产的创造者永守重信，作为日本商界的领导非常有名。他非常执着于绿色，听说他本人有将近 1200 条绿色的领带。前些日子的杂志报道中，称他正在为了 2000 条领带的目标而努力。

"每次系领带的时候就像打开了内心开关。"这句话被人们称为永守定律，也就是给自己进行心理暗示。

工作时的"胜负装"的选择方法

重点是选择你喜欢的衣服和你喜欢的配饰。

"穿这件衣服会让我兴奋。""我喜欢这个颜色,穿上了会更有精神。""上次穿着这身衣服让我的演讲顺利完成了,感觉它能给我带来好运。我这次也穿这身吧。"首先要问你自己的心意,如果你自己不够喜欢,那么这件衣服即使是你的幸运色,但是也没有作为"胜负装"的必要了。

此外,在买内衣的时候,也可以尝试买新的款式。

"低落的时候穿的衣服""后悔的时候穿的衣服""没有干劲的时候穿的衣服"。等,按照不同的场景划分自己的"胜负装"和配饰,做成一张清单能够更好地发挥"胜负装"的效果,可以在不同的场景中让自己进入不同的状态。

做成列表的好处还有一个,是让大脑记住这一固定搭配。

比如："情绪低落的时候穿的衣服"，选择红色的衣服并且写在列表里。

情绪低落→穿红色的衣服→能够让自己打起精神

不断地重复这一搭配，大脑就会潜移默化地接受"穿红色的衣服能打起精神"这一固定组合。等需要调节心情的时候，更可以提高效率，在 1 分钟内改善自己的情绪。

7

决定自己的登场曲

点亮内心的歌曲

我每次问别人"心累的时候，你会做些什么？"的时候，大多数的人都会说："我会听歌。"深入地问了一下才发现，大多数的人都喜欢单曲循环某一曲目或者某一艺术家的歌。

用那首歌来整理心情、点亮自己的内心。

经常进行激烈对抗的运动选手们在上场之前，总有他们一定要听的歌帮助他们调整状态。

比如前专业棒球选手清原和博在上场时的登场曲就是长渕刚的《蜻蜓》。在美职棒活跃的一郎选

手则钟爱石川小百合的《越过天城》和泽天研二的《从心所欲》。

在这里说一个有些久远的话题，是高桥尚子的事情：女子马拉松的高桥尚子选手一边跑，一边听着古谷仁美的《真爱2000》，拿到了奥运会金牌。此后这首歌成了一首有名的打气歌，一时间爆火。

在格斗比赛中选手上场前，会播放选手们各自的出场歌，在出场歌中悠然地进场，登上擂台。

他们在播放出场歌的时候，自然会变得冷静，精力集中，然后燃烧内心的斗志。

这段时间大约是 1 分钟。

剩下的就是释放出能量，在脑海重映自己可以赢的印象，让斗争心升到最高后登场了。

音乐和内心就是如此紧密相连的。

登场曲的选择方法

虽然不是运动员，但是我们每日也在以不同的方式战斗着。

不论是工作、恋爱、自尊心、兴趣，为了能在临场有最佳的发挥，我们也来选择自己的登场曲吧。

在情绪低落或者心乱如麻的时候听，就可以回想起在面对新的挑战时听这首歌的感觉，让自己回到过去的状态。把需要的歌曲列一个列表吧。

但也没有必要选择快歌，听歌的目的仍然是为了整理内心，所以选歌的标准在于是否能让你的心情获得切换。所以在选曲的时候请遵从自己的内心来选择吧。

可以按照不同的主题来选择歌曲，在表现一个主题时选择多首歌曲也是可以的。整理自己的心关键是看听完歌曲之后的反应如何，而选择了自己的登场曲，可以很好地防止自己失落、陷入泥沼无法脱身的状态。

用歌曲作为早上起床的闹钟也是非常推荐的。

用登场曲来点亮内心

好丧啊

消沉 → 听治愈内心的歌 → 充满干劲的自己登场

嗯……

烦恼 → 听开解烦恼的歌 → 乐观的自己登场

打颤

紧张 → 听让内心安定的歌 → 沉着的自己登场

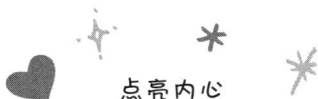

哦…

点亮内心

8

预约"单人会议"

和自己的约定

你知道自己目前的内心状态怎么样吗?

是万里无云的一片大好?

还是乌云密布的忧郁不堪?

重复着每日繁忙的工作,内心自然也会累积着疲惫。疲惫的内心会影响自己的工作状态,导致效率低下,慢慢地无法整理内心中的忧郁部分,让自己的思考方式越来越负面。

日本的足球代表选手长谷部诚在他的著作《整理内心》中,有一节专门写到了:"要专门留出独自一个人的时间,来保养自己的内心。"因为练习和出行等,他忙到

24 小时都没有好好休息的时间。如果不能强制地留出时间整理自己的内心，就无法在比赛中发挥出最佳状态。

不仅仅是运动选手如此，我们也是一样的。

我们自从独立以来，每日都非常忙碌，身心俱疲。不论是内心还是身体，处于混乱的状态也早已是我们的日常。如果我们无法改变这一状态，迟早有一天会崩溃。为了避免这一问题，只有强制让自己休息，给自己整理内心的时间才行。所以我们应该预约和自己的"单人会议"。

和自己的内心定期开会

如果你现在的工作任务很重，没有时间整理自己的内心，那么就给自己预约一次"单人会议"吧。

哪怕是采取强硬的手段，也要确保"整理内心的时间"。

一旦约好了时间，那么除非发生非常紧急的事情，否则不要打乱计划。

首先，在日程表上写下"单人会议"，使用"会议"这一单词来告诉自己这是很郑重的预约事项。

整理内心的"单人会议"需要定期进行。

每天都会发生不同的事情，人也无时不刻地在经历中改变和成长。还有很多我们不得不去做的事情，可能仅仅是一会儿，人的内心就已经是一团乱了。

每月只有一次的整理间隔时间太长了。最好像是在第二周的周一和第四周的周一的上午这样，每月举行两次"单人会议"比较好。

最好也事先定下具体的时间吧。然后，把日程写在本子里，定下和自己的会议时间。

拥有"整理内心的时间"虽然并非紧急事件，但是却可以左右你的将来。

内心混乱的状态下，思维也是混乱的。这样一来在工作上也没有办法取得好的成绩。所以才需要强制地准备整理内心的时间。

展望未来

说到整理内心，可能多数人都会想到是要回首过去。

诚然，总结过去的经验，找到自己的弱点和可以改善的地方是非常有价值的，能让内心安定，让自己觉得未来更多一份保障支持自己活下去的方法。

但是，如果过去的记忆中有太多苦涩的部分，那么一直在思考令人痛苦的部分，不仅无法整理自己的内心，更会让内心变得更乱。

比起执着回首无法改变的过去，展望自己能够改变的未来整理自己的内心，是更加乐观的内心保养方法。

比如在会议的副标题中写上"思考未来的十年"，思考平常不会细想的话题，也是一个好办法。"将来的梦想是什么？""十年后的你如何生活？"等，一边思考着乐观的未来，一边把脑中的印象写成文章或者画成画，思考具体的部分。

在 201 页中我准备了"整理内心的 7 个问题"。在还不习惯开"单人会议"的时候，可以问问自己的内心真实的答案。

从结果中推导出的是将来你的目标和蓝图。剩下的就是按照目标而努力了，非常简单吧。

在忙碌的时候，很难有时间来思考自己的未来。

但是，你现在的努力是为了未来更好的生活。

强行准备思考未来的时间，可以让自己看清自己现在的位置、之后应该努力的目标，以及自己该做些什么。然后也能够让自己清楚地知道，现在面临的难题，也只是明亮未来之前的一关而已。

留下思考的时间，是最有效的内心整理方法。

整理内心的7个问题

● 最近的你知道自己的内心是什么样的状态吗?

● 你有没有太执着于过去的失败?

● 你最近是不是说了太多负面的话,负面的情绪增加了吗?

● 你最近真正喜欢的东西是什么?

● 你最近有没有捧腹大笑过?

● 你最近有没有感动落泪过?

● 你有没有将来以及10年后的梦想?

大脑练习笔记

写在最后

　　谢谢读完了这本书的人。

　　不知道你们现在的心情是什么样的？有没有感觉大脑一片清爽，思维也是一样清爽的呢？

　　作为作者，真的希望大家在读完这本书之后，能够多做些减法思考，让大脑和心情都可以得到整理，让每天都过得愉快一些。

　　我在书中介绍的整理大脑的方法，都是从我平时演讲和咨询的工作中，介绍给我的顾客的办法中选出的好评最多的方法，希望大家从容易入手的方法开始不断地尝试。

　　最后第 5 章的"心灵整理法"的部分，是我最近见到的比较多，并且我自己也在烦恼的主题。

　　说到底，我写本书的理由，是想在咨询量爆炸的网络社会中，能够不被大量的信息所淹没，整理大脑，找到让工作能够切实、高效地进行下去的方法。也就

是说，我想介绍给大家工作的窍门，希望我的思考方式能够帮助到大家。

具体开始思考书的架构是在 2011 年的 3 月，东日本大地震让整个日本都笼罩在深深的悲哀中，社会形势天翻地覆，我本来约好的工作也几乎被迫停止，我的大脑陷入了一片惊恐之中。

在震灾过去 1 个月之后的某个周末，我总算是调整好本职工作的状态，再次思考本书的构成。

在这之后我发现了，我不能沿着过去继续写下去了。因为我开始想："整理大脑并非只是工作上的技巧，是否可以通过整理大脑，整理自己的内心，让自己发现真正的自己呢？"我不能浪费这一想法，所以我赶快写下了新的结构，开始写这本书。

自大地震之后，地区纷争、世界经济的混乱等都让我觉得我们迎来了一个前途未卜的世界。

但是，不论身处什么样的时代，都有非常重要的东西。

那就是不要让内心混乱，不要失去自己的本心。

大脑和内心是联动的。整理大脑可以让内心安定，而内心的安定可以让思绪清晰。

我希望我能告诉大家的，并不单纯是整理大脑的技巧，更是希望大家可以通过整理大脑，来审视自己的内心，找寻自己的本心。作为本书的作者，这是让我最高兴的。

最后，感谢本书的出版社日本雅飒出版社的各位，特别要感谢本书的编辑星野美纪。

衷心感谢客户、朋友、家人对我的支持，真的谢谢大家了。

铃木进介

原文书名：1分で頭の中を片づける技術
原作者名：铃木进介

1PUN DE ATAMANONAKA WO KATADUKERU GIJUTSU by Shinsuke Suzuki
Illustrated by Yuki Kitamura
Copyright © Shinsuke Suzuki, 2011
All rights reserved.
Original Japanese edition published by ASA Publishing Co., Ltd.
Simplified Chinese translation copyright © 2022 by China Textile & Apparel Press
This Simplified Chinese edition published by arrangement with ASA Publishing Co., Lt
Tokyo, through HonnoKizuna, Inc., Tokyo, and Shinwon Agency Co. Beijing Representati
Office, Beijing.

本书中文简体版权经 ASA Publishing Co., Ltd. 授权，由中国纺织出版社
限公司独家出版发行。本书内容未经出版者书面许可，不得以任何方式或任
手段复制、转载或刊登。

著作权合同登记号：图字：01-2021-7595

图书在版编目（CIP）数据

1 分钟大脑整理法 /（日）铃木进介著；高瀚，光芯
慰译. -- 北京 ：中国纺织出版社有限公司，2022.6
ISBN 978-7-5180-9328-1

Ⅰ．① 1… Ⅱ．①铃… ②高… ③光… Ⅲ．①思维
方法 Ⅳ．① B80

中国版本图书馆 CIP 数据核字（2022）第 014980 号

责任编辑：王 慧 责任校对：寇晨晨 责任印制：储志伟

中国纺织出版社有限公司出版发行
地址：北京市朝阳区百子湾东里A407号楼 邮政编码：100124
销售电话：010—67004422 传真：010—87155801
http://www.c-textilep.com
中国纺织出版社天猫旗舰店
官方微博http://weibo.com/2119887771
唐山玺诚印务有限公司印刷 各地新华书店经销
2022年6月第1版第1次印刷
开本：889×1194 1/32 印张：6.5
字数：77千字 定价：49.80元